日本労働法学会誌131号

雇用社会の変容と労働契約終了の法理

日本労働法学会編
2018
法律文化社

目　　次

《シンポジウム》
雇用社会の変容と労働契約終了の法理

《報告》

労働契約終了の理論課題……………………………………… 野田　　進　3
　　──「攻撃的」雇用終了という視角──

雇用終了のルールの明確化とその紛争解決制度
　　の課題…………………………………………………… 山下　　昇　19
　　──解雇のルールとあっせん制度を中心に──

労働者の能力・適性評価と雇用終了法理……………… 龔　　　敏　36
　　── AI 時代の到来に際して──

雇用終了における人選基準法理……………………………… 柳澤　　武　51
　　──なぜ私なのか？──

解雇過程における使用者の説明・協議義務………… 所　　浩代　68
　　──労使対話を重視した手続規制に関する試論──

労働契約終了と「合意」………………………………………… 川口　美貴　85

《シンポジウムの記録》

雇用社会の変容と労働契約終了の法理……………………………… 105

《回顧と展望》

債権法改正と労働契約関連規定をめぐる変更……… 新屋敷恵美子　139

割増賃金を年俸に含めて支払う合意と労基法37条… 岡本　舞子　147
　　──医療法人社団康心会事件・
　　　最二小判平29・7・7労判1168号49頁──

i

労働契約法20条における不合理性の判断方法と

　損害額の認定……………………………………………… 岡村　優希　156
　　──日本郵便（時給制契約社員ら）事件・
　　　東京地判平29・9・14労判1164号5頁──

関連会社への労働組合員の街宣活動等に対する

　損害賠償請求の可否……………………………………… 木南　直之　169
　　──フジビグループ分会組合員ら（富士美術印刷）事件・
　　　東京高判平28・7・4労判1149号16頁──

ワークショップのご案内…………………………………… 企画委員会　179

日本労働法学会第134回大会記事……………………………………………… 182

日本労働法学会第135回大会案内……………………………………………… 189

日本労働法学会規約……………………………………………………………… 191

SUMMARY …………………………………………………………………… 195

《シンポジウム》

雇用社会の変容と労働契約終了の法理

労働契約終了の理論課題――「攻撃的」雇用終了という視角――　　　　　野田　進

雇用終了のルールの明確化とその紛争解決制度の課題　　　　　　　　　山下　昇
　　――解雇のルールとあっせん制度を中心に――

労働者の能力・適性評価と雇用終了法理―― AI 時代の到来に際して――　龔　敏

雇用終了における人選基準法理――なぜ私なのか？――　　　　　　　　柳澤　武

解雇過程における使用者の説明・協議義務　　　　　　　　　　　　　　所　浩代
　　――労使対話を重視した手続規制に関する試論――

労働契約終了と「合意」　　　　　　　　　　　　　　　　　　　　　　川口　美貴

シンポジウムの記録

《シンポジウム》

労働契約終了の理論課題
——「攻撃的」雇用終了という視角[1]——

野　田　　進

（九州大学名誉教授）

I　はじめに：人手不足の中で，なぜ雇用終了問題か

　解雇をはじめとする雇用終了は，労働紛争の最終的でクリティカルな局面であるとともに，国家の雇用政策に直結する問題である。このために，これまで日本労働法学会でも，その各時代の重要テーマとして，回を重ねて取り上げられてきた。それでは，いまなぜ，現在の日本労働法の検討課題として，改めて雇用終了問題を取り上げるのか。本稿は，学会シンポジウムでこの問題を設定した意味を明らかにし，それにより労働契約の破棄問題における今日的課題を描出するものである。

1　人手不足の雇用社会

　今日の日本の雇用社会は，近年に例のないほどの「人手不足」で特徴づけられる。毎月発表される有効求人倍率は，未曽有の高水準であり，統計史上の記録を毎月のように更新している[2]。ほとんどの業種でその影響は著しく，今後の

---

1 ）　本稿は，2017年10月15日に小樽商科大学で開催された，日本労働法学会第134回の大シンポジウム「雇用社会の変容と労働契約終了の法理——攻撃的雇用終了の時代」における基調報告の内容を，原稿の形に書き改めたものである。

2 ）　本稿執筆時の最新情報である，厚生労働省が2017年12月1日に発表した「一般職業紹介状況（平成29年10月分）について」によれば，同年10月の有効求人倍率（季節調整値）は，前月より0.03ポイント高い1.55倍であった。なお，総務省が同日発表した10月の完全失業率（季節調整値）は，前月と同じ2.8％であった（朝日新聞2017年12月1日）。

シンポジウム（報告①）

景気の命運を握る重要問題となっている。「人手不足倒産」の徴候がみられ，また「辞めさせてくれない」ことによる労働相談が増加しているほどである。[3]

　この事態は，日本経済の基盤がグローバリゼーションとIT（情報技術）化の進展による景気の下支えにより成り立っており，加えて，少子化による新規労働力参入（若年労働力）の顕著な減少が，人材不足に拍車を駆けていることによると推定される。

　特徴的なのは，非正規雇用の人手不足だけでなく，むしろ正社員において人手不足感が高まっていることである。[4]「雇用のポートフォリオ」や「多様な働き方」の提唱のもと，長らく非正規雇用の比率増大を基調としていた近年の雇用状況の中で，長期雇用を前提とした正社員人材について不足感が高まっていることは注目に値する。

2　雇用終了への動機付け

　しかし，こうした人材不足には，雇用のミスマッチに由来する側面もみられる。不足が生じているのは，企業の求めようとする能力を有する戦略的人材が中心であるからである。すなわち，企業は，業務の高度なIT化やグローバル化に対応しうる人材，あるいは事業のサービス経済化の中でコミュニケーション能力の優れた人材の確保にこそ期待感を有している。

　ところが，日本の実体経済は，好景気の中にあるわけではないから，個別企業においては人件費コストに余裕があるわけではなく，実質賃金の伸びは低い。[5]したがって，企業は限られた人材を最大限に活用するしかなく，高度の能力あ

3）　矢部明浩「労働相談現場から見えてくる職場荒廃─増加する『辞めさせてくれない』」季労242号（2013年）2頁。

4）　野田進「人手不足と労働立法─非正規雇用と労働契約終了問題を中心に」日労研673号（2016年）53頁。この傾向は加速しており，新聞報道（日経新聞2017年8月24日）によれば，企業の正社員不足との回答は45.4％（大企業では，51.8％）と過去最高であり，1年前と比べて7.5ポイント上昇している（帝国データバンク調べ）。

5）　人手不足状況の下でも，賃金水準が上昇しているわけではなく，毎月勤労統計調査（厚労省）によれば，実質賃金は，2016年3月に，2010年9月以来5年半ぶりにようやくプラスに転じたところである。その背景については，玄田有史編著『人手不足なのになぜ賃金が上がらないのか』（慶應大学出版会，2017年）の各論考を参照。

るいは汎用性の高い能力を有する者（polyvalent）で編成された，「少数精鋭」の人員確保こそが望ましい。その結果，IT 化やグローバル化等の変化に対応できず，またはそうした戦略的人材育成に対応できない「低成果」労働者に対しては，企業から排除しようとする強い動機がはたらく[6]。また，そうした人事戦略の実績が，株主や社会一般（消費者を含む）の評価を高めて，企業の成長に結びつくとされる。

3　3つの視角

こうして，人手不足はむしろ「低成果」労働者の余剰の実態を生み出し，彼らを企業から排除する必要性を高めるのであり，この点に現在の雇用終了問題の核心がある。そして，かかる場合の近年の解雇事案では，労働者の業績評価が積極的に導入され，その評価結果をもとに解雇を実施するのが特徴的である[7]。後述のように，解雇には「客観的な」合理性が求められる以上，「低成果」という解雇理由を客観的な指標で表示するためには，こうした評価手法の利用が求められるのであろう。

限られた雇用の枠内で，能力の高い新規学卒者や非正規労働者（アウトサイダー）の企業組み入れのために，低成果の正規労働者（インサイダー）を排除せざるをえない要請[8]は，日本だけでなく多くの諸外国で抱える共通の悩みであり，その意味では，比較法的な視点も議論に組み込みいれるべきであると思われる。

6）　近年の解雇・退職等の実情について，棄一郎「最近の解雇・退職などをめぐる労働問題—追い出し部屋事件，PIP 解雇事件など」季労242号（2013年）14頁。

7）　労働者の能力の低評価（能力不足）を理由とする解雇の効力が争われた近時の裁判例である。日本アイ・ビー・エム（解雇・第1）事件（東京地判平28・3・28労判1142号40頁），ブルームバーグ・エル・ピー事件（東京高判平25・4・24労判1074号75頁），コンチネンタル・オートモーティブ事件（東京高決平28・7・7労判1151号60頁）では，PBC（Personal Business Commitments）という業績評価制度による低評価，あるいは PIP（Performance Improvement Program）という業績改善制度における改善不良や利用拒否が解雇の実施に結びついている。

8）　「インサイダー」・「アウトサイダー」という問題視角は，諸外国でも見受けられる分析軸であるが，わが国では，小嶌典明「解雇法理のオールターナティブ」野田進＝野川忍＝柳澤武＝山下昇『解雇と退職の法務』（商事法務，2012年）61頁を参照。

シンポジウム（報告①）

こうして，労働契約終了に関わる今日的課題について，以下では，①「低成
果」労働者に対する人事対応，②「成長戦略」としての解雇の確実性，および，
③集団的合意による雇用・労働条件保護の後退という，３つの視角から検討す
る。

Ⅱ　「低成果」労働者に対する人事対応

1　低成果労働者の処遇問題

日本の判例で独自の法理として発達し，労契法16条に明文化された解雇権濫
用法理によれば，労働者が成績不良であるからといって，使用者はこれを理由
にして直ちに解雇することはできない。すなわち，低成果それ自体は一般的に
は解雇の客観的で合理的な理由とはならない。例えば，日本アイ・ビー・エム
（解雇・第１）事件・東京地判平成28・3・28（注7）引用）は，「業績不良があ
るとしても，その適性に合った職種への転換や業務内容に見合った職位への降
格，一定期間内に業績改善が見られなかった場合の解雇の可能性をより具体的
に伝えた上での業績改善の機会の付与などの手段を講じることなく行われた本
件解雇は，客観的に合理的な理由を欠き，社会通念上相当であるとは認められ
ない」と判断する[9]。

この判示は，近年の企業における低成果者の排除への強い動機の中で，解雇
法理としてどのような一線を引くかという問題を考える上で，きわめて示唆的
である。この判示からは，解雇等の労働者の雇用終了に関して，次のような人
事的取り組みを読み取ることができる[10]。

9）　本判決のほかに，近時の裁判例では，注7）引用のブルームバーグ・エル・ピー事件（東
京高判）も，「職務能力の低下を理由とする解雇に『客観的に合理的な理由』（労働契約法16
条）があるか否かについては，まず，当該労働契約上，当該労働者に求められている職務能
力の内容を検討した上で，当該職務能力の低下が，当該労働契約の継続を期待することがで
きない程に重大なものであるか否か，使用者側が当該労働者に改善矯正を促し，努力反省の
機会を与えたのに改善がされなかったか否か，今後の指導による改善可能性の見込みの有無
等の事情を総合考慮して決すべきである。」という基準を立てた上で，同事案のもとでは
「本件解雇は客観的に合理的な理由を欠くものとして無効である。」と判断する。

第1に，「緩和的取り組み」，すなわち解雇基準を緩和的に適用することに向けた努力である。解雇について客観的な合理性や社会通念上の相当性の評価を得ることができるように，使用者が最大限の積極的取り組みを行わなければならない。上記裁判例によれば，職種転換，降格，能力開発等の業務改善の機会付与等を積極的に実践し，その上で能力評価により解雇を実施すれば，正当な（権利濫用でない）解雇と評価される理論的な道筋が開かれるといいうる。なお，韓国で2017年1月に発令された「公正人事指針」はそのような手法を推奨することを骨子とするものであった。[12]

　第2に，解雇の「代替的取り組み」，すなわち解雇のオルタナティブの積極的な利用であり，解雇を回避して，解雇以外の方法による雇用の終了に積極的に取り組もうとする。特に，退職勧奨の手法が顕著であり，低成果（低評価）を理由とする退職勧奨（必要によって人材会社の提供する評価システムを利用した退職勧奨）が実施される。この代替的取組みについては，解雇法制をもつ日本以

10）「緩和的処遇」と「代替的処遇」という分析軸については，野田進『「低成果労働者」の雇用をめぐる法的対応」季労255号（2016年）2頁を参照。

11）　近時の例でいえば，ファイザー事件（東京高判平28・11・16労経速2298号22頁）は，能力不足を理由とする等級変更と降格が争われた事案であり，判決は，降格制度の導入を「主に専門管理職に早期退職を促す動きがあった」としつつも，「専門管理職を退職に追い込むという目的で本件降格規定が新設され，組織的な退職勧奨が行われたことまで認めるに足る的確な証拠はない」と判断したうえで，控訴人「については，スキルよりもマインドに問題があ」るとしており，「専門管理職たるに相応しい当事者意識，責任感及び顧客志向」が欠如している点を指摘する判示が，注目される。

12）李鋌『「公正人事指針」の意義と機能」季労255号（2016年）36頁。「解雇が正当なものとして認められるためには，厳格な基準と手続が整わなければならず，公正な基準による評価が行わ［れ］なければならない。この際，労働者代表などが参加して評価基準を設けた場合には，公正な評価として認められる可能性が高い。」「同指針によると，労働者の業務能力が著しく劣ると評価される場合，まず，教育訓練を通じた能力開発の機会を与えなければならず，教育訓練を経ても改善の見込みがない場合には，配置転換などを通じて再挑戦するチャンスを与えるなど，解雇を回避するために努力しなければならない。このような努力にもかかわらず，変化が見られない場合には，止むを得ず解雇などの労働契約を解約しても，その正当性が認められる。」（下線，引用者。以下同じ）。李鋌「公正人事指針―職務能力と成果中心の労働力運営のためのガイドブック」（季労同号46頁～）の50頁及び54頁の図も参照。
　なお，この「公正人事指針」は，韓国における政権交替を契機に，現在は実施されなくったとの情報を得ている。

シンポジウム（報告①）

外の国でも，同様の動きがみられる。[13]

2 解雇ではなく雇用終了全般を考察の対象にする

以上からすれば，近時の解雇問題の本質に迫るには，解雇だけに注目するのでは不十分であり，雇用終了問題をトータルにとらえることが必要である。すなわち，解雇基準の適用を緩和する取り組み，または解雇に代わる取り組みを含む労働者の排除策に注目するとき，雇用終了に向けた人事全体について問題をとらえ直す必要がある。それはまた，解雇概念の意義そのものをとらえ直すという，原理的な考察を要請することにもなろう。[14]

労働者の能力・評価を理由とする雇用終了を問題とするとき，労働者の疾病または障害（以下，障害等）が，能力評価とどのように関わるかが問題となる。特に，一定の精神障害（対人恐怖症）やアスペルガー症候群のような症状の場合，これを端的に能力不足や低評価として雇用終了の事由として取り扱いうるのか，障害者基本法19条の2や障害者雇用促進法36条の2との関係で，新たな対応が求められている。これについては，今回の大シンポの報告で取り上げる余裕はなかったが，議論されるべき論点である。

---

13) フランスでは2008年6月25日の法律により導入された法定の合意解約である「約定による解約（rupture conventionnelle）」が，雇用終了方式として重要な一角を占めるようになっており，解雇に代わる役割を果たしている。これについては，野田進「雇用調整方式とその法的対応―フランスの『破棄確認』および『約定による解約』」西谷敏先生古稀記念論集『労働法と現代法の理論（下）』（日本評論社，2013年）305頁。奥田香子「フランスの合意解約制度―紛争予防メカニズムの模索」同書339頁。奥田香子「フランスにおける『合意解約制度』の展開―破毀院判決にみる解釈論的課題」近畿大学法科大学院論集13号（2017年）24頁，古賀修平「フランスにおける合意解約法制化の意義」日本労働法学会誌130号（2017年）170頁などを参照。

14) 野田進「解雇・退職の意義と再定義の方向」野田進＝野川忍＝柳澤武＝山下昇『解雇と退職の法務』（商事法務，2012年）3頁を参照。すなわち，解雇概念は，歴史的には，①労働契約の解消という法的意義のもとで辞職等と区別されることなく，解雇と辞職は相似の対称的なもの（シンメトリック）ととらえられていたが，②解雇保護法制や判例の発展とともに，解雇はそれ以外の退職事由と区別され，「対照的に」（コントラストに）把握されるようになった。③しかし，近年では，企業からの労働者の排除に対する保護という観点（事業譲渡，病休明け退職），あるいは雇用保障政策の観点（不本意退職，みなし解雇，特定受給資格）では，解雇がその他の退職事由に対してもつ独自性は相対化するようになる。

Ⅲ 「成長戦略」としての解雇の確実性

1 解雇の「確実化」のルール

日本では現政権の「成長戦略」の一環として，国家戦略特別区域法が制定されたが（平成25年12月23日公布，一部を除き同日施行），その制定過程では，当時の国家戦略特区ワーキング・グループにおいて，解雇規制の緩和が声高に主張された。その一環として，例えば，「仮に裁判になった際に契約条項が裁判規範となることを法定する」等の「解雇ルール」を定めるべきであるとの主張がなされている。[15]

それは，外国企業やベンチャーの誘致を呼び込むために有効な解雇法制の導入を求めるものであり，企業活動のグローバリゼーションの中で，「世界でもっともビジネスがしやすい国」を志向するためには，解雇を確実になし得る旨の「ルール」が必要であるとの「解雇の確実化（または安全化, sécurisation）」の要請の高まりがみられる。[16]

とはいえ，「確実に」解雇することができる制度が，外国企業やベンチャーの国内での活動を活発化させ，人材の積極的登用の道を開くという「成長戦略」には，何らデータ的な裏付けはない。政策上現実に生み出されたのは，「国家戦略特別区域法」の「雑則」である同法37条2項の規定により，同法施行に時期を合わせた，平成26年4月1日に厚生労働省により作成・公表されたのが，「雇用指針」なる文書だけであったのは周知の通りである。[17]しかし，それでもなお，成長戦略のかけ声からは，解雇の「確実化」や「解雇ルール」を求める声が強いのである。[18]

なお，留意すべきは，この確実化の意味の方向性である。解雇が法理として

---

15) 野田進「雇用特区と労働契約」法時1082号（2015年）48頁。

16) 解雇の確実化・安全化 sécurisation とは，フランスにおいて，この国の経済的事由による解雇の定義が複雑で抽象的であるために，中小企業や外国企業が期間の定めのない労働契約による雇用を回避しているとの認識から，経済的事由による解雇の定義の「経済的困難」の要素を客観化・数値化して，無期労働契約による雇用の促進を図ることを意味する（フランス労働法典 L. 1233-3条）。後掲注20)引用の論文の，特に153頁を参照。

シンポジウム（報告①）

透明化され，いかなる場合に解雇をなし得る・またはなし得ないかについて確実な規範を提供することについては，多くが支持するであろう。しかし，この要請に名を借りて，使用者が「確実に」解雇する手段が追求されがちであることを見逃すべきではない。

2　金銭解決と解雇の「確実化」

　国家戦略特区ワーキング・グループの提言や「日本再興戦略2014年改訂雇用制度改革」の提言に代表されるように，解雇についてはさらに，その法的規制に関する規制緩和が繰り返し提案されており，その要求は強固で根深いものがある。そこでは，第1に，労契法16条（解雇権濫用法理）の適用を部分的に除外する提案がなされ，第2に，解雇について無効・復職ではなく違法解雇の金銭解決を求める提案などがみられる。後者は，違法な（濫用的な）解雇であっても，金銭により「確実に」労働者を企業から排除することを認める趣旨と解することができるが，上記のいずれの意味と方向性における確実化となるかが，まさしく問われている。[19]

3　フランス法の動向

　フランス労働法においては，この国で発展してきた解雇保護の規制立法に対して，これを緩和する方向で，解雇の「確実化」の動向がとりわけ顕著であるので，これに注目しておきたい。「確実化」に向けた要請とその改革動向は，解雇の要件場面とその法的効果（不当解雇の帰結）の両面に及ぶ。

(1)　解雇要件の確実化　　まず，解雇の要件面では，2016年8月8日の労働

---

17)　「雇用指針」は，「新規開業直後の企業及びグローバル企業等が，我が国の雇用ルールを的確に理解し，予見可能性を高めるとともに，労働関係の紛争を生じることなく事業展開することが容易となるよう」定めたものであり，「労働関係の裁判例の分析・類型化」を試みたとされている。すなわち，通常の一般企業向けではなく，特区内の「新規開業直後の企業及びグローバル企業等」向けの雇用ルールの説明であることが明らかにされている。以上につき，野田・前掲注15)論文「雇用特区と労働契約」。

18)　野田進「規制緩和政策と労働契約論」法時1082号（2015年）4頁を参照。

19)　この問題の検討は厚労省に引き継がれ，2016年10月からは「透明かつ公正な労働紛争解決システム等の在り方に関する検討会」で議論が進行中である。

法典の改正による，経済的解雇の定義に関する確実化（安全化）の動きがある。この国の経済的事由による解雇（経済的解雇）の定義が複雑で抽象的であり，そのために中小企業や外国企業が期間の定めのない労働契約による雇用を回避しているとの認識から，経済的事由による解雇の定義の「経済的困難」の要素を客観化・数量化する試みがなされた。

　具体的には，以下のとおりである。この改正前には，経済的解雇は次のように定義されていた（フランス労働法典 L. 1233-3条）。「経済的事由による解雇とは，特に経済的困難または技術変革に引き続きなされた，雇用の廃止もしくは変動，または労働者により拒絶された労働契約の本質的変更の結果としての，労働者の人的領域に属さない1または数個の事由により，使用者が実施する解雇をいう」。改正法は，この「特に経済的困難または技術変革に引き続きなされた」の部分を，「次に掲げる事項に引き続きなされた」と改め，さらに，次の定めを追加した。

　「①少なくとも注文または取引高の低下，経営赤字，資金繰りや経営上の総黒字の低下のような経済指標に示される動向によって，あるいは，これらの困難を証明することのできる他の要素によって特徴付けられる経済的困難。

　注文または取引高の有意な低下とは，この低下の期間が，前年の同じ期間との比較において次の期間を上回ることをいう。

　a）10人未満の企業においては1四半期
　b）11人以上100人未満の企業においては2四半期
　c）100人以上300人未満の企業においては3四半期
　d）300人以上の企業においては4四半期
　②技術変革
　③その競争力を保持するために必要な企業の再編
　④企業活動の中断（以下略）」

　これにより，使用者が安全・確実に経済的解雇をなすことができるようになり，その効果として，安んじて期間の定めのない労働契約による雇用が促進されることが企図されているのである[20]。

　(2)　不当解雇の法的効果の確実化　　次に，解雇の効果論の側面では，不当

シンポジウム（報告①）

解雇の帰結としての補償手当について，その額の表記載（barémisation）に関する改正がなされた。すなわち，この国の解雇法制では，人的事由による解雇（人的解雇ともいう）および経済的解雇の両方について，解雇は「真実かつ重大な理由」に基づくものでなければならないところ（L. 1232-1条，L. 1233-2条），この理由に基づかない解雇（不当解雇）については，その帰結として，裁判所は「労働者の既得利益を維持した上での復職を提案することができる」。その上で，両当事者の一方または両方がこの提案を拒絶したとき，これまでの規定では，「裁判所は労働者に対して補償手当を付与するものとする。この手当は，使用者の負担によるものとし，その額は，最後の6ヵ月分の賃金額を下回ってはならない」と定められていた。ところが，2017年9月22日の大統領令では，この下線部に改正が加えられ，「その額は以下の表で定める最低額と最高額の間の額とする」となった。

　改正前の，賃金の「6ヵ月分」以上との相違は顕著である。第1に，不当解雇の補償手当の最高月数を設定しており，従前には定められていなかった補償手当の上限額が設定された。第2に，その額を被解雇労働者の在職年数に応じて引き上げるという方針を採用した。第3に，従前は賃金「6ヵ月」であった最低補償額が「3ヵ月」に改められた。この第1および第2の改正は，補償に上限を設けることで，解雇が仮に理由のない不当なものと判断されても，補償手当の上限は予想が立つことになり，まさしく確実化の効果を狙ったものである。しかし，この改革により，不当解雇により労働者がどのように大きな損害を被ったとしても，表で定められた在職年数に応じた月数が上限とされることになり，「完全賠償の原則」が否定されることになる。また，第2の改正は，最低額をより低く設定したものであるが，これまでの6ヵ月を一挙に3ヵ月に引き下げるという大幅減額については，これを疑問視する見解が多い。[21]

---

20)　より詳細には，野田進＝渋田美羽＝阿部理香「フランス『労働改革法』の成立―労働法の『再構築』はじまる」季労256号（2017年）126頁を参照。

21)　詳細には，野田進「マクロン・オルドナンスによる労働契約法の改革―不当解雇の金銭補償，工事・作業契約，集団的約定解約」季労260号（2018年）127頁。

表　フランスにおける不当解雇の補償手当額の表

労働者の当該企業での 在職年数（満年数）	最低補償手当額 （支払総額の月数）	最高補償手当額 （支払総額の月数）
0	制限なし	1
1	1	2
2	3	3
3	3	4
4	3	5
5	3	6
6	3	7
7	3	8
8	3	8
9	3	9
10	3	10
11	3	10.5
12	3	11
13	3	11.5
14	3	12
15	3	13
16	3	13.5
17	3	14
18	3	14.5
19	3	15
20	3	15.5
21	3	16
22	3	16.5
23	3	17
24	3	17.5
26	3	18.5
27	3	19
28	3	19.5
29	3	20
30以上	3	20

シンポジウム（報告①）

Ⅳ　集団的合意による雇用・労働条件保護の後退

1　労使合意による不利益変更からもたらされる雇用終了

　労働契約の内容の変更に関する合意の原則（労契法 8 条）は，集合的労働条件については，労働協約や就業規則の不利益変更法理（労組法16条，労契法10条・ 9 条）により，容易に修正されるというのが，わが国の契約法理の特色である。そして，注意を喚起したいのは，労働協約などの労使間の集団的な合意が，不利益変更を通じて雇用終了を導引するという方式が実態として進行していることである。

　この点で注目されるのが，山梨県民信用組合事件（最 2 小判平成28・ 2 ・19民集70巻 2 号123頁）判決である。信用組合の合併にともなう退職給与規程の大幅な不利益変更について，一方で管理職20名全員がその同意書に署名捺印し，他方で労働組合の執行委員長が代表理事との間で，合併後の退職金の支給基準を新規程による旨の労働協約書に署名または記名・押印をした。管理職の全員同意は，形式上は個別合意ではあるが，その「集団的行使」というモメントが重要であり，組合員である一般従業員は労働協約という文字どおりの集団的合意によるものであった。

　判決は，管理職の同意については，変更する「労働条件が賃金や退職金に関するものである場合には，当該変更を受け入れる旨の労働者の行為があるとしても，……当該変更に対する労働者の同意の有無についての判断は慎重にされるべきである」として，本件事案のもとでの合意の認定を否定するとともに，変更の効力を否定した。また，執行委員長の同意による労働協約の不利益変更については，執行委員長に協約締結権限が付与されていないという手続的要件

---

22)　労組法16条については，労働協約の労働契約に対する規範的効力については，日本の法理は「有利原則」を認めないために，労働協約による不利益変更に対しては何ら疑問に思われていない。就業規則については，「有利原則」は承認されているが，労契法10条により切り崩される。労働契約における私的自治や意思主義原則ひいては個人主義原則が，かくも軽視される法制であることを確認すべきである。

から，その効力を否定した。

　本件事案は，労働者の集団の合意（あるいは集団的圧力のもとでの個別合意の集団的実施[23]）が，労契法 8 条による契約の拘束力（労働条件保護）規制を切り崩したものといいうる。問題は，このような大幅な不利益変更への個別合意が，集団同調的な雰囲気の中でやすやすと形成されるメカニズムにある。ところが，本判決の労契法 9 条にかかる解釈は，問題解決を「当該行為が労働者の自由な意思に基づいてされたものと認めるに足りる合理的な理由が客観的に存在するか否か」，すなわち，同意の有無の認定判断という事実認定レベルの判断に落とし込むものであり，解決の予測不可能性，法的不安定性を，増幅させる結果となった[24]。

　そして，これら不利益変更を通じて，大幅な不利益を被った労働者は，本件もそうであったように[25]，雇用終了へ導引されるというのが現実である。

2　フランスの「雇用保持発展協定」

　これと同様の動きが，フランスで生じている。雇用の「保持または発展」を

---

23)　労働組合を通じて労働協約として表明される集団的意思と，一般労働者の多数意思（多数決による意思）との識別とは，次第に相対化される。例えば，フランスでは，「社会的対話（dialogue social）」の名の下に，レフェランダムを用いた非組合員による企業レベルでの協定締結が広く認められている。日本でも，例えば，「働き方改革実行計画」に組み入れられた，「同一労働同一賃金ガイドライン案」では，非正規の基本給が正社員と「同一」であるかについて，例示されていないグレイゾーンについては，「各社の労使で個別具体的な事情に応じて議論していくことが望まれる」としている。ここにいう「労使」とは，組合のない大多数の企業で，何を意味するかは不明である（野田進『「働き方改革」と労使関係』月刊労委労協2017年 6 月号21頁）。

24)　野田進「企業合併に際してなされた退職給与規程の不利益変更の効力」労旬1862号（2016年）29頁。筆者は判決のロジックに批判的であるが，こうした法理が増幅するのは，労契法が「合意の原則」を標榜しつつも，労働者の同意が，状況を理解し，熟慮した上でなされることを担保するための，手続もシステムも何も定めていない「裸の合意」であることによるからであると考える。同原則は，労働者が同意を余儀なく表明したことを理由に，その利益が切り崩されることの根拠として用いられる。真に非難されるべきは，労契法そのものである。

25)　現に，本件の原告ら12名全員は，不利益変更の結果として，大幅に減額された退職金を得て（あるいは退職金なしで）退職する結果になっている。

シンポジウム（報告①）

目的とした企業レベルの労使協定（雇用保持発展協定，accord de préservation ou développement de l'emploi）といわれるものである[26]。フランスでは，2016年8月8日の法律および2017年9月22日のオルドナンスにより，労働法の規範について，公序規範を除き労使間合意を立法に優先させ，さらに労使間合意の中でも企業協定を産別の協約協定に優先させるという基本枠組みの大改革を実施した。そして，その一環として，労使はこの雇用保持発展協定という企業協定を締結することにより，個別労働者に対する労働条件（労働契約内容）の不利益変更（引き下げ）が可能となることとした[27]。個別労働者はこの労働契約の変更を拒否することができるが，使用者はその拒否を理由に当該労働者を解雇することができ，その解雇理由は，解雇事由の要件（＝真実かつ重大な理由）をすでに備えたものとして，経済的理由による個別解雇の手続さえ遵守すれば適法にこれを行うことができる。

　フランスでは，協約と労働契約の関係では強固な有利原則が認められており，個別労働契約は協約の定める水準を下回ることはできない[28]（現在もその原則は維持）。ところが，この協定に限っては，労働協約は労働契約の不利益変更の効果を導くことが可能となる。すなわち，企業協定という集団的意思によって，「雇用の保持または発展」のために一部労働契約の不利益変更と終了をもたらすことが可能になったのである。この雇用保持発展協定が，「攻撃的」協定（accord "offensif"）[29]と称されるゆえんである[30]。

---

26) 野田進「フランス「雇用保持発展協定」のインパクト―労働協約と労働契約の新たな連結」法政研究84巻3号（2017年）306頁を参照。

27) ただし，月額報酬の減額をもたらすことはできないとされているから，勤務地や職種の変更，労働時間の延長が中心となる。

28) フランス労働法典2254-1条。すなわち，使用者がある労働協約の適用下にある（拘束されている）ときには，その協約規範は使用者が締結したすべての労働契約に適用されるが（普遍適用の原則），労働契約がより有利な条項であるときにはその限りでない（L. 2254-1条）。

29) Yves de La Villeguérin et al., Loi Travail, analyse et code consolidé, 2016, p. 70.

30) ただし，2017年9月22日のオルドナンスにおいて，この雇用維持協定の制度は発展的に廃止され，さらに緩和された要件で，企業協定による労働条件引き下げが可能となった。野田・前掲注26)論文「追記」を参照。

なお，もともとフランスには2013年に設けられた類似の性格をもつ企業協定が制度化されていた。それは，「景気悪化による重大な経営困難の場合に……使用者が協定で定める一定の期間，雇用の維持を約束することの対価として」，労働時間，労働組織方法等の変更を認める企業協定であり，「雇用維持協定」と称せられる（労働法典 L. 5125-1条）。これを拒否した労働者に対する解雇も，通常の経済的解雇として，その要件と手続に服することになる（L. 5125-2条）。しかし，この協定の場合は，それにより労働者の雇用を維持することが条件となっており，このためにそれは対比的に，「防衛的」協定（accord défensif）と言われていた。[31]

3　小　　括

労働者集団や集団的合意は，解雇については，同意や協議という手法を通じて，これを抑止しまたは被解雇者の雇用保障を図る役割を担っていた。ところが，以上検討した局面では，使用者は労働者集団との合意のもとで，多数者の雇用の安定と引き替えに，一部の労働者を当該企業での雇用の場からの退場を求めうる。

V　まとめ：「攻撃的」雇用終了への注目

以上，3つの視角から，雇用終了の現代的課題をみてきた。

すなわち，使用者は，グローバリゼーションや高度 IT 化の企業経営の中で，低成果労働者の雇用について，「成長戦略」の後押しにより，ときに集団的合意のサポートを受けて，「攻撃的に」雇用終了させることを課題とせざるをえない。

雇用終了をめぐるこの新たな局面では，伝統的な法理として検討されてきた，解雇権濫用の当不当の問題を中心に議論を重ねる手法だけでは不十分である。そこには，国家の成長戦略あるいは企業の経営戦略を背景として，様々な「攻

31）　この対比については，野田・前掲注26)論文を参照。

シンポジウム（報告①）

撃的」雇用終了の試みがなされており，これらにいかなる法的整序を果たすべきかという，新しい課題に，いま我々は直面している。

本シンポジウムで取り上げる以下の個別の検討課題では，雇用終了問題におけるこうした課題のすべてに解答を与えようとするものではなく，むしろその問題意識を共通基盤として，論点構成がなされた。各報告は，それぞれ課された問題局面において主要な問題を剔抉し，雇用終了の今後に向けての法的課題と解決の方向を探ることになる。

　[付記]　本研究は，平成29年度科学研究費補助金・基盤研究(C)(課題番号17K03409)および基盤研究(B)（課題番号16H03555）の研究成果の一部である。

（のだ　すすむ）

雇用終了のルールの明確化と
その紛争解決制度の課題
——解雇のルールとあっせん制度を中心に——

山　下　　昇

（九州大学）

I　21世紀の雇用終了法システム

1　雇用終了のルールの整備とその不明確さ

　本稿において，「雇用終了のルール」とは，解雇，雇止め等の雇用終了の有効要件及びその法的効果に関する法規範ないし法制度をいうものとする。そして，雇用終了の法的効果のあり方は，それを確定する紛争解決「システム」の運用と密接に関連しており，現在の，特に解雇の「ルール」をめぐる議論は，この「システム」をも射程に含めたものである。

　現行法上，解雇のルールに関しては，解雇の有効要件とするか[1]，濫用性の判断要素とするかの見解の相違はあるものの[2]，労契法16条において，①客観的合理的理由と②社会通念上の相当性から判断する枠組が立法化されている。しかし，その内容は，必ずしも明確なものではなく，有効要件を構成する判断要素の法的意義やその整序については，検討すべき課題がある[3]。また，同条は，違法な解雇の効果を「無効」と定めており，その効果について明確である一方，柔軟性のない画一的な解決となる点で，使用者からみれば，厳格なルールと受け止められる。さらに，労契法19条所定の雇止めのルールも，不明確な有効要

1）　東京大学労働法研究会『注釈労働基準法(上)』（有斐閣，2003年）329頁，補遺10頁［野田進執筆］など参照。

2）　荒木尚志＝菅野和夫＝山川隆一『詳説労働契約法〔第２版〕』（弘文堂，2014年）163頁，「労働契約法逐条解説」労旬1669号（2008年）53頁［奥田香子執筆］参照。

3）　例えば，島田陽一「解雇規制をめぐる立法論の課題」日本労働法学会誌99号（2002年）74頁などでも指摘されていた。

シンポジウム（報告②）

件と厳格な法的効果という点で，解雇と同様の問題がある。

　こうした解雇等の有効要件の不明確さは，企業にとってリスクであり，また，その効果の厳格さも相まって，そのリスクを回避するために，退職勧奨を通じた合意解約や不更新合意等により，合意を媒介として，労働者の退職を実現する方向に企業を誘引することになる。

2　労働紛争解決システムの変化

　これまで，裁判における解雇紛争は，正社員の長期雇用モデルを前提とし，労働契約上の地位の確認及び解雇期間中の賃金支払いを請求することを基本としていた。しかし，21世紀になって，行政ADRである都道府県労働局（紛争調整委員会）のあっせん制度が導入され，また，労働審判制度も始まり，裁判以外の紛争解決制度が整備され，広く利用されるようになった。そして，これらの手続に加えて，裁判上の和解を含めれば，雇用終了紛争の多くが，金銭による調整的な解決となっている。

　こうした実態を踏まえ，厚生労働省が設置した「透明かつ公正な労働紛争解決システム等の在り方に関する検討会」から報告書（以下「報告書」という）が出され[4]，そこでは，解雇の金銭解決という選択肢が示されている。なお，本稿における「あっせん」は，都道府県労働局（紛争調整委員会）のあっせんをいうものとし，道府県労働委員会の個別紛争のあっせんの検討は割愛する[5]。

3　解雇のルールとその正当化根拠

（1）解雇規制の正当性　　解雇規制の正当化根拠については，様々な見解がある。解雇規制の法的正当性に関する代表的な考え方として，第1に，社会権としての生存権・勤労権の保障を根拠とするものがあり，これは，伝統的・基本的な解雇の規制根拠である[6]。第2に，人格的利益の保護を強調する見解も有

4）　http://www.mhlw.go.jp/stf/shingi2/0000166656.html 参照。
5）　労働委員会の個別紛争のあっせんについては，山下昇「労働委員会制度の実情と課題」法時88巻3号（2013年）46頁参照。
6）　和田肇『人権保障と労働法』（日本評論社，2008年）206頁参照。

20　　日本労働法学会誌131号（2018.5）

力であり[7]，解雇により生きがい・誇りを奪われるというだけでなく，解雇の脅威そのものが，労働の従属性を強化するものであって，労働契約上の権利行使を抑制し[8]，不利な労働条件を甘受させることに繋がることから，人格的利益の保護の観点から，規制が必要であるとされる。

こうした解雇規制の正当性は，憲法的な価値にとどまらず，労働契約の性格・目的といった契約論的な説明によっても補強される。すなわち，労働契約の継続的性格から，雇用継続への期待・信頼利益を尊重することが信義則上要請され，同時に，必要に応じ再交渉によって契約内容を柔軟に修正することを認める柔軟性原理と相まって，労働契約の継続的性格が基礎付けられる[9]。また，労働者は継続した労働を通じてその能力を高めることができ，使用者は，その労務提供を受領することによって契約の目的を達成することから，短期的な視野による解約を制限することは，労働という契約目的からも正当化しうる[10]。

(2) 解雇規制見直し論　一方で，経済学の立場などから，既存の解雇規制は，非正規労働者等に不利益をもたらし，また，生産性を抑制するとの批判がなされる[11]。前者に対しては，解雇だけでなく，有期労働契約等に対する規制（労契法18条・19条）が定められるなど規制の強化が図られている。後者に対しては，規制の程度や手法を見直す根拠となりうるが，直ちに解雇を自由にしたり，契約当事者の合意に委ねたりすることは，現実的な議論ではない[12]。

7）　村中孝史「日本的雇用慣行の変容と解雇制限法理」民商119巻4・5号（1999年）582頁，本久洋一「解雇制限の規範的根拠」日本労働法学会誌99号（2002年）12頁，西谷敏『人権としてのディーセント・ワーク』（旬報社，2011年）72頁参照。

8）　例えば，労基法104条2項や均等法9条3項等は，労働者の権利行使を抑制するような解雇を禁止し，労基法3条，均等法6条4号，労組法7条1号・4号等は差別的な解雇を禁止しており，強行的な解雇規制が含まれる。

9）　土田道夫「解雇権濫用法理の法的正当性」労研491号（2001年）4頁参照。

10）　前掲注1）『注釈労働基準法（上）』323頁以下［野田執筆］参照。

11）　例えば，川口大司「経済学の視点からとらえた解雇規制の評価」ジュリ1465号（2014年）27頁参照。

12）　緒方桂子「日本の解雇規制は厳しいのか」ジュリ1465号（2014年）14頁参照。

シンポジウム（報告②）

4 本稿の課題

本稿では，解雇規制の正当性根拠の観点から，労働者の能力不足や適格性欠如といった適性に起因する解雇を中心に，[13] 以下の2つの課題を検討する。

第1の課題として，雇用終了，特に解雇を中心に，その有効要件ないし判断要素を明確化し，明確化した解雇の有効要件や判断要素をどのような手法で具体化できるかを検討する。これまでも解雇の有効性の判断枠組について，その考慮要素を整序する必要性が主張されてきたところであり，[14] 解雇の紛争解決の予測可能性を高め，解雇法理をより可視化すべきである。そして，労使にとって行為規範としてもわかりやすいルールを定立することが望ましい。[15]

第2に，解雇の法的効果について，解雇の紛争解決システムの現状を踏まえて，労働者にとって実効的な救済を実現するための課題を検討する。現状で行われている金銭解決のように，解雇の調整的な紛争解決は，基本的に解決金の支払いと労働契約の解消を合意する「合意解約」である。そして，解雇の効果論を「システム」の中に取り込んで議論すると，解雇の「無効」という効果は，必ずしも絶対的なものではなくなる。

II 解雇の有効要件の明確化

1 客観的に合理的な理由

（1）判例が示す有効要件 労働者の適性を理由とする解雇の裁判例をみると，[16] 単に能力が低いだけでなく，解雇を正当化する程度に著しく労働能率が低いことが認められなければならないと解するものが多い。[17] 特に，相対的な成績・業績評価の低さが，直ちに解雇の客観的合理的理由となるわけではない。[18] また，現実的に配置可能な業務への転換を検討したり，指導・教育等の改善の

---

13) 本シンポジウムの趣旨（野田進・本学会誌3頁参照）にある通り，本稿では，「低成果労働者の処遇問題」に着目して検討することとする。

14) 例えば，根本到「解雇事由の類型化と解雇権濫用の判断基準」日本労働法学会誌99号（2002年）52頁参照。

15) 水山洋介「解雇規制・規制改革の問題点」ジュリ1465号（2014年）43頁では，中小企業においては，なお行為規範となっているとはいえないとする。

機会を付与したりしてもなお能力の向上の見込みがなく，雇用を継続すること
が困難な状況またはそれを期待できない場合等に，解雇の客観的合理的理由が
認められる傾向がある。

　また，コミュニケーション能力や協調性を欠くような行為等が，具体的に業
務へ重大な支障を及ぼしており，指導をしても改善がみられない場合や反抗的
な態度に終始する場合などには，解雇理由となる。[19]

　(2)　判例の含意

　　(a)　「能力」ではなく「態度」・「行為」　　こうした判例の傾向から2つの
含意を読み取ることができる。第1に，使用者が解雇理由として「能力」不足
を主張する場合，その中身は曖昧であり，裁判所も，その「能力」のみで解雇
理由の重大性を評価しているわけではない。つまり，改善の機会を付与したに
もかかわらず，その努力が不十分である等の労働者の「態度」，あるいはその
後も同様のトラブルを繰り返す等の労働者の具体的な「行為」が，客観的合理
的理由を形成する重要なファクターとなっている。

　また，使用者も「能力」を理由としつつも，解雇の核心的な動機は，労働者

---

16)　なお，裁判例における就業規則の解雇事由該当性と「客観的に合理的な理由」（労契法16
　条）の関係は，必ずしも一様ではない。例えば，①就業規則の解雇事由該当性を判断した上
　で，客観的合理的理由と社会通念上の相当性の該当性を判断するもの（日本ヒューレット・
　パッカード（解雇）事件・東京高判平25・3・21労判1073号5頁，コンチネンタル・オート
　モーティブ（解雇・仮処分）事件・東京高決平28・7・7労判1151号60頁など），②就業規
　則の規定（能力低下等）の内容を同法16条の趣旨から限定的に解釈するもの（ブルームバー
　グ・エル・ピー事件・東京高判平25・4・24労判1074号75頁，日本コクレア事件・東京地判
　平29・4・19労判1166号82頁等），③就業規則該当性を検討することなく，労働法16条を一
　般的に適用して解雇の有効性を判断するものなどがある（学校法人専修大学（差戻審）事
　件・東京高判平28・9・12労判1147号50頁，日本アイ・ビー・エム（解雇・第1）事件・東
　京地判平28・3・28労判1142号40頁など）。就業規則の解雇事由の定めは，限定列挙として
　解雇権の行使を制限するものと解され，また，手続の定めも濫用審査の考慮事項であって，
　独自の解雇規制の機能を有するが，判例・学説において，なお未整理といえる。

17)　山下昇「低成果労働者の解雇に関する最近の裁判例の動向」季労255号（2016年）15頁参
　照。

18)　前掲注16)日本アイ・ビー・エム（解雇・第1）事件などが代表的な裁判例である。

19)　例えば，南淡漁業協同組合事件・大阪高判平24・4・18労判1053号5頁，前掲注16)日本
　コクレア事件など参照。

シンポジウム（報告②）

の「態度」や「行為」に起因していることが多いといわれる[20]。つまり，解雇紛争における解雇理由の客観性・合理性及び重大性について，裁判所は，当該労働者の「能力」を直接評価するのではなく，「態度」や「行為」に変換して，適性の有無を判断しているのである[21]。

（b）ビルトインされた解雇の事前対応　第2に，判例は，解雇に至るプロセスの中で，解雇理由の客観性・合理性を担保するために，使用者がとるべき具体的な行為を示している。例えば，解雇に至る可能性があることを示したうえで適切な注意・指導を行ったり，配置転換を検討したりするなどの事前の対応を十分に行ったかが，解雇理由の実体的要件を構成する「事実」として評価されている。つまり，解雇前に使用者がとるべき対応は，解雇権濫用の評価の中に内在化されており，説明・協議，解雇回避措置の実施等が事実上のルールとして形成されていることがわかる。

（3）客観的合理的理由の考慮要素

（a）生存権・勤労権の保障と人格的利益の保護　そこで，判例で考慮される様々な要素・事実について，解雇規制の法的正当性の観点，すなわち，生存権・勤労権の保障，人格的利益の保護，労働契約の性格・目的から整理してみたい。まず，人格的利益の保護の観点からは，人格との関連性が強い「態度」や「行為」によって評価するのではなく，適性の評価をできる限り客観化し，その評価プロセスを明確化することが望ましい。

そして，労働契約の性格・目的からみて，判例においても，「労働契約の継続を期待できない程に重大」である場合に限り，解雇の客観的合理的理由が認められている[22]。また，説明・協議，解雇回避措置の実施等については，労働者

---

20) 労働政策研究・研修機構編『日本の雇用終了』（労働政策研究・研修機構，2012年）345頁参照。

21) 解雇を正当化するほどの重大性について，信頼関係の破壊という主観的な要素によって評価するものも少なくない（学校法人敬愛学園（国学館高校）事件・最一小判平6・9・8労判657号12頁を先例として，前掲注16)日本ヒューレット・パッカード（解雇）事件，日本ベリサイン事件・東京高判平24・3・26労判1065号74頁，前掲注16)日本コクレア事件など）。

22) 前掲注16)ブルームバーグ・エル・ピー事件，海空運健康保険組合事件・東京高判平27・4・16労判1122号40頁など。

の人格的利益の保護の観点からも，また，労働契約の性格・目的の観点からも，解雇理由の評価において考慮事情となる[23]。特に，労働契約の継続に対する期待との観点では，労働契約における柔軟性原理があることからも，整理解雇の場面に限らず，協議等を通じて解雇回避の努力を尽くすことが求められる。

　他方で，勤労権の保障や人格的利益の保護は，憲法上の規範的な要請である一方，使用者の営業の自由との調整も必要となる。例えば，労働者の適性をめぐる解雇においても，企業規模が小さい場合には，経営に与える影響が大きくなり，また，現実的な配置の範囲に限界があるため，企業規模も解雇の有効性判断において考慮せざるを得ないし[24]，解雇回避措置等の実施が使用者に過度の経済的負担を生じさせるときには，そこに一定の限界を伴うことになろう。

　　(b)　労働契約の性格・目的　　労働契約の信義則を根拠とする以上，個々の労働契約の内容から生じる多様な事情，例えば，職種や勤務地等の限定，雇用継続への期待の程度なども無視することはできない。職種限定の場合，当該職種での改善の見込みが期待できない場合には，労働契約の目的からしても，解雇の客観的合理的理由は肯定されやすい。

　また，中途採用により労働契約において当事者が明確な目標条項を定めた場合，高額な報酬（高い地位）と引き換えに一定の成果を求める場合など，労働契約の合意と解雇規制の関係が問題となる[25]。こうした労働契約においては，「長期雇用システムを前提とした従業員とは根本的に異なる」ことから[26]，雇用継続への期待に対する信義則による保護は弱く，「教育を施して必要な能力を身に付けさせるとか，あるいは適性がない場合に然るべき部署に配転させるなどといった徹底した雇用維持に向けた措置等の実施（いわゆる解雇回避）は本来予定されていない」と評価されることがある[27]。そうすると，具体的な契約（合

---

23)　例えば，NEC ソリューションイノベータ事件・東京地判平29・2・22労判1163号77頁など参照。

24)　前掲注19)南淡漁業協同組合事件，前掲注22)海空運健康保険組合事件など。

25)　また，プロジェクト型のように，一定の業務の完成を念頭に置く場合には，雇用継続への期待が通常の労働契約の場合とは異なる。

26)　ドイツ証券事件・東京地判平28・6・1労働判例ジャーナル54号39頁参照。

27)　BNP パリバ証券事件・東京地判平24・1・13労働判例ジャーナル2号17頁参照。

シンポジウム（報告②）

意）内容も解雇の客観的合理的理由の判断において考慮事情となる。

　もちろん，目標や成果の未達成自体が直ちに解雇理由になるのではなく，目標等が明確に定められ，現実に達成可能な合理的な内容であり，一方的に定められたものではないことなどが求められる[28]。つまり，解雇の有効性判断に当たっては，合意内容に対して，裁判所の司法審査が認められるべきであって，労契法16条の適用自体を合意内容によって排除できるわけではない。

2　社会通念上の相当性

　(1)　社会通念上の相当性の考慮事情　　社会通念上の相当性について，一般に，解雇が過酷に失しないかという点から検討されるところ，解雇事由の重大性や解雇回避手段の存否といった事情は，従来，社会通念上の相当性の考慮事情とされてきたが，むしろ解雇という最後の手段を正当化しうる客観的合理的理由の評価に関わる事情であるとみることができる[29]。多くの裁判例は，両者を画然と区別していないが[30]，解雇の客観的合理的理由の有無を厳格に審査するという観点から，また，行為規範として明確化する上でも，区別して整理するほうが労使にとって理解しやすい。

　(2)　社会通念上の相当性による規制　　生存権・勤労権の保障の観点からは，割増退職金の支払いなどの経済的打撃を緩和するような使用者の対応・配慮は，相当性を肯定する要素として考慮される。また，転職が困難な者など一定の社会的に配慮すべき事情がある者に対しては，整理解雇の局面に限らず，労働者の適性を理由とする解雇のときにも，そうした事情は考慮すべきであり，差別禁止などの雇用平等法理にも十分な配慮が必要である[31]。

---

28)　野田進「労働契約における目標条項」土田道夫ほか編『労働関係法の現代的課題』（信山社，2004年）97頁（特に110頁以下）参照。

29)　山下昇「労働契約法の下における解雇法理の現状と課題」ジュリ1507号（2017年）53頁参照。

30)　荒木ほか・前掲注2）『詳説労働契約法〔第2版〕』163頁，前掲注2）「労働契約法逐条解説」53頁［奥田執筆］参照。

31)　整理解雇に関してではあるが，例えば，高橋賢司『解雇の研究』（法律文化社，2011年）228頁以下を参照。

そして，人格的利益の保護からは，平等原則等に基づき，他の労働者や過去の処分例との均衡などは社会通念上の相当性で考慮すべき事情である。また，事前に解雇理由を告知した上で，労働者に弁明の機会を与えるべきである[33]。

加えて，長期継続的な契約関係から，当該労働者の過去の勤務態度，処分歴，勤続年数等について，信義則上，個々の事情を十分に考慮すべきである。

3　解雇の有効要件の明確化

(1)　解雇の有効性判断における考慮事情の明確化　　以上の整理をまとめると，次のように判断要素を整序することができる（次頁参照）。まず，労働者の適性を理由とする解雇に関して，客観的合理的理由に該当するか否かについての一般的基準として，「労働契約の継続を期待できない程に重大でなければならない」とすべきである[34]。

その上で，解雇規制の正当化根拠に基づき，解雇の「緩和的取り組み」を十分に尽くしているかという観点から，①〜③の判断要素を抽出することができる。その際，能力評価をできる限り客観的に行うことが望ましい[35]。

そして，解雇理由該当性判断における消極的な考慮要素として，経営上の事情や契約内容から生じる④〜⑦の考慮要素を加味して，客観的合理的理由の有無を判断する。ただし，⑥の職種等の限定の合意や⑦の目標や成果についての合意について，実際の裁判例では，かなり慎重に判断されているということは，留意すべきである。客観的合理的理由が認められる場合に，さらに，社会通念上の相当性を満たすか否かを⑧〜⑫の事情から判断する。

---

32)　本久・前掲注7）「解雇規制の規範的根拠」23頁参照。

33)　X株式会社事件・東京地判平23・1・25労経速2104号22頁，トレンドマイクロ事件・東京地判平24・7・4労経速2155号9頁など。土田道夫『労働契約法〔第2版〕』（有斐閣，2016年）681頁は，普通解雇の場合でも，解雇手続を社会通念上の相当性で評価すべきとする。

34)　一般に，客観的合理的理由としては，主として，適性の欠如・職務能力の不足・低下・喪失，経営上の理由（整理解雇）等が挙げられる。こうした解雇の類型自体を，条文化する提案もありうるが，否定的な見解もある。浜村彰「解雇と合意解約・辞職」民商135巻1号（2006年）30頁参照。

35)　野田・前掲注13）3頁参照。

シンポジウム（報告②）

　(a)　客観的合理的理由の判断における考慮要素

　(ア)　一般的基準の評価に当たっての考慮要素（緩和的取り組み）

① 適切な注意等を行ったり，適性にあった配置転換を十分に検討したりした。

② 解雇がありうることを告知した上で，改善の機会を与えた。

③ 適性がないことを十分に説明し，労働条件の変更を含めて協議を行った。

　(イ)　経営上の事情や契約内容から生じる消極的考慮要素

④ 企業規模等の経営上の事情から解雇回避措置をとることが困難である。

⑤ 合理的配慮措置をとることなどに過大な負担が生じる。

⑥ 職種等が限定され，配転が困難である。

⑦ 目標や成果について特別の合意があり，継続への期待が通常と異なる。

　(b)　社会通念上の相当性の判断における考慮要素

⑧ 被解雇者の不利益を緩和する措置が十分にとられている。

⑨ 社会的に配慮すべき事情を十分に考慮している。

⑩ 他の労働者や過去の処分例との均衡を失していない。

⑪ 労働者の過去の勤務態度等を十分に考慮している。

⑫ 解雇理由を通知した上で弁明の機会を与えている。

(2)　ガイドラインによる明確化　　このように，判例及び解雇規制の正当化根拠から，労働者の適性を理由とする解雇の有効性判断における考慮要素を整序し，これに基づいて，その有効要件の判断枠組を明確化することができる。ここでは，労働者の適性を理由とする解雇を一例としたが，他の理由の解雇も，判例の整理等を通じて，こうした枠組の明確化は可能であり，そのように整序すべきであると考える[36]。

　次に，このルールの規範的な根拠付けについて，立法論として，法令への明記が考えられるが，短期的な実現可能性からすれば，やや慎重に検討すべきである。一方で，通達によるガイドライン（指針）の制定は十分に検討に値するものといえる[37]。既に，国民ないし労使が解雇問題を考えるときに，解雇の正当事由の具体的内容がわかるように，行政のガイドラインを策定すべきとする提

---

36)　なお，本稿では，解雇の実体的要件を構成する「事実」として，使用者がとるべき対応
　　を整理したが，より精緻化した手続的な規制の立法化も考えられる。

案がある。また，使用者に就業規則で解雇のルールを定めさせることを前提に，行政によるガイドラインに基づいたチェックを行い，さらに，具体的な解雇の司法審査にあたって，裁判所が就業規則上の解雇のルールがガイドラインに適合的かを判断する等の運用を想定した提案もある。

　その場合，解雇のルールのガイドラインは，誰に対して，どのような効果を持ちうるのだろうか。例えば，育介法や均等法の指針は，事業主が講ずべき措置を定めており，事業主に対して，そして，それを指導する労働行政に対する指針である。また，同一労働同一賃金ガイドライン案も，労働者が司法判断による救済を求める際の根拠となる規定の整備等を目指しているものの，同時に，行政 ADR を整備することも指摘している。

　同様に，解雇の有効性判断における考慮要素のガイドラインは，あっせんによる解決や労働局長の助言・指導において，その根拠となりうる。もちろん，労使にとっても，ガイドラインは，行為規範として認識されることになる。他方で，ガイドラインは，労働審判や労働関係民事裁判において，裁判官（審判官）や審判員を直接拘束するものではないが，事実上，ガイドラインに沿った判断がなされていく可能性もある。

Ⅲ　雇用終了紛争の解決手続とその課題

1　労働局（紛争調整委員会）のあっせん

　(1)　あっせんの現状　　労働局のあっせんの利用者の半数は，パート・アルバイト，期間契約社員，派遣社員であり，非正社員にとってあっせんの重要性

---

37)　国家戦略特別区域法に基づく雇用指針が策定されたことがあるが，明確性という点からみて，十分なものとはいえなかった。

38)　島田・前掲注3)「解雇規制をめぐる立法論の課題」99頁参照。

39)　例えば，大内伸哉『解雇改革』（中央経済社，2013年）177頁，土田・前掲注33)『労働契約法〔第2版〕』662頁参照。

40)　平29・6・16「同一労働同一賃金に関する法整備について」参照。

41)　平29・6・19厚生労働省「平成28年度個別労働紛争解決制度の施行状況」によれば，就労形態別のあっせん申請件数において，正社員48.0%，期間契約社員20.1%，パート・アルバイト19.6%，派遣労働者7.0%となっている。

シンポジウム（報告②）

は高い[42]。また，あっせんの申請件数は約5000件程度であり，4割程度が雇用終了に関する紛争である[43]。そして，あっせんのほとんどは金銭解決であるが，その解決金額はかなり低くなっている[44]。違法解雇のような場合でも，労契法16条違反について，十分な事実認定を行うことが困難であることなどから，権利関係を踏まえて使用者が「出すべき額」ではなく，「出せる額」を基準とした解決になっているとの指摘がある[45]。

また，あっせんは任意の手続のため，紛争当事者，特に使用者のあっせん参加率が低いという問題がある（平成27年度で57.0％，平成28年度で56.8％）。ただし，あっせんに参加した場合の合意率は，強制力のない任意の手続であることを考慮すると，一定程度高い解決率に達している（平成27年で64.5％，平成28年度で66.4％）と評価でき，この手続への参加率を高める必要がある[46]。

（2）あっせんにおける解雇紛争解決

（a）解雇紛争の解決金額の低さ　解決金額の低さについて，報告書では，目安となる解決金額の水準を示すことが適当との意見もある。確かに，目安があれば，解決金額を引き上げる効果を直接的に期待できるが，個々の解雇紛争には多様な事情があり，現状において一律の基準設定は，必ずしも容易ではない[47]。

また，解決金額の低さの背景には，労働審判の調停や裁判上の和解との対比で，あっせんに判定の機能がないことが指摘されている[48]。もちろん，あっせん

42）労働審判の利用者は，正社員が74.4％を占め，非正社員の利用は少ない。また，あっせんが打切り後に，労働審判を申し立てる労働者は13％程度との試算もあり，非正規労働者に限定すれば，さらに減少することが予想されるとの見解がある。野田進「個別的労働関係紛争解決システムの連携的運用」日本労働法学会誌120号（2012年）47頁参照。

43）「平成28年度個別労働紛争解決制度の施行状況」によれば，申請件数は5123件で，申請内訳（延べ5663件）では，解雇1242件（21.9％），雇止め473件（8.3％），退職勧奨374件（6.6％），自己都合退職215件（3.8％）である。

44）月額表示でみると，1か月分強を中心に分布していることが指摘されている（平均で1.4か月分）。解決金額でいえば，20万円未満が約半数を占めている。労働政策研究・研修機構編・前掲注20）『日本の雇用終了』32頁参照。

45）村中孝史「個別労働紛争解決制度の展開と課題」『講座労働法の再生　第1巻　労働法の基礎理論』（日本評論社，2017年）181頁参照。

46）村田毅之『入門個別的労使紛争処理制度』（晃洋書房，2017年）106頁参照。

の任意性という制度的限界を前提とすれば，あくまでも合意を促す説得を通じて，適正な解決を図るほかない。この説得の基本的な手法の一つが，法違反の事実や解釈に基づく法的判断を示して，理を説明することである[49]。解雇紛争の場合，労契法16条の規範に照らして説得することになるが，前述の通り，具体的なルールが労使にとってわかりにくく，法的判断に基づく説得は，明らかに違法な場合を除き，必ずしも容易でない。

そこで，労使に対して，法的判断を一定程度明確に示すこと（解雇ルールのガイドライン化）ができれば，こうした説得が容易になり，また，結果として，解決金額を引き上げる効果を期待できる。そして，そのことにより，労働審判や裁判において，同様の判断がなされる可能性を当事者に示唆することになるため，間接的ではあるが，判定の機能がないというあっせんの弱点を補うことができると考えられる。

（b）ガイドラインの活用　ガイドラインの活用方法として，あっせんの際，あっせん委員がガイドラインに依拠して説得するだけでなく，あっせん申請前の労働相談や申請後の事務局調査の段階において，ガイドラインに沿った相談・調査を行うことができる。こうした相談や事前調査を通じて，あっせんに臨む前に，労使において一定の法的判断を予測させ，また，労使の行為規範としても認識させることができる。そして，解雇権の濫用性評価をわかりやすくする効果が期待できるため，解決金額の引上げ及び当事者の納得性の向上を図ることができると考えられる。

したがって，解決金額の低さへの現実的かつ直近の対応として，まず第1段

47）解決金の額は，単に解雇による損失の補償にとどまらず，心理的な補償，交渉力などの要因の関連が指摘される。鶴光太郎「経済学の観点から見た解雇の金銭解決制度をめぐる議論」季労259号（2017年）44頁参照。

48）野田進『労働紛争解決ファイル』（労働開発研究会，2011年）107頁では，和解や調停に応じなければ判決や審判を下すという「強み」があるとする。濱口桂一郎『日本の雇用紛争』（労働政策研究・研修機構，2016年）122頁では，あっせんの場合は「相手方に逃げられるリスク」を考慮して，相手方が受け入れる可能性のある比較的低い解決金額で妥協するインセンティブが働くとして，この「逃げられるリスク」分だけディスカウントされている可能性を指摘する。

49）野田・前掲注48）『労働紛争解決ファイル』109頁参照。

シンポジウム（報告②）

階として，解雇のガイドラインを作り，一定の解決事例の蓄積を踏まえて，第
２段階として，金銭解決における解決金額の基準を策定すべきである[50]。特に，
非正規雇用労働者にとって，あっせんは雇用終了をめぐる紛争解決の主要な場
であり，実際に相当数が解決されていることからすると，そこでの解決促進を
図ることは重要である。

2　労働審判・労働関係民事裁判

（1）　裁判における解雇の金銭解決の必要性　　報告書でも指摘されている通
り，解雇紛争の多くが，労働審判の調停・審判及び裁判上の和解によって解決
されており[51]，解雇の金銭解決自体は珍しいわけではない。また，現行法上も，
解雇の無効を争わず，違法な解雇を不法行為（民法709条）として損害賠償を請
求することもできる[52]。しかし，解雇が無効となるような場合でも，それが直ち
に不法行為を構成するわけではなく[53]，損害賠償額は３か月〜６か月分とするも
のが多いといわれ[54]，低額にとどまる。

　このように，不法行為による救済，つまり現在の金銭解決の仕組みは，その

---

50)　ただし，あっせんは，非正規雇用の利用が多く，また，早期解決のメリットを前提に，
　比較的低額で解決する実態を踏まえると，あっせんの解決金額よりも裁判等における解決金
　額のほうが高い水準に設定されるべきと考える。

51)　「裁判の迅速化に係る検証に関する報告書（第７回）」（2017年７月21日公表）によれば，
　労働関係民事事件のうち，61.5％が和解しており（全体では35.8％），他の民事事件に比べ，
　和解率が顕著に高い。平成28年の労働審判の申立件数は3524件であり，このうち調停成立は
　2551件（72.4％）に達している。解雇以外も含む解決金額でみると，2.1か月分であり，労
　働審判でも，解決金額はそれほど高くない。一方，裁判上の和解のうち，90.2％が金銭解決
　で，その額は9.3か月分となっている。

52)　日鯨商事事件・東京地判平22・9・8労判1025号64頁，テイケイ事件・東京地判平23・
　11・18労判1044号55頁など，解雇権の濫用から不法行為の成立を認めるものもある。

53)　三枝商事事件・東京地判平23・11・25労判1045号39頁は「労契法16条に違反するだけで
　なく，その趣旨・目的，手段・態様等に照らし，著しく社会的相当性に欠けるものであるこ
　とが必要と解するのが相当である」としつつ，不法行為の成立を認めているが，一方で，無
　洲事件・東京地判平28・5・30労判1149号72頁は，周知性要件を欠く就業規則に基づく懲戒
　解雇について，手続的理由によって無効になるとしても，直ちに不法行為にはならないとし
　て，非違行為自体は認められることから，不法行為の成立を否定している。

54)　土田・前掲注33)『労働契約法〔第２版〕』688頁など参照。

要件や効果の面で，労働者にとって労働契約上の地位の確認請求等に代替するような，現実的な選択肢となっていないのが現状である。また，立証責任の点でも，労働者に負担が重く，実効的な救済を図る観点からも，金銭解決制度導入に向けた議論自体は排除すべきではない。

（2）基本的な制度枠組　労契法16条の強行性を考慮すると，無効の効果を原則とすることに異論はない。そして，労働者に対する実効的な救済の選択肢を追加するという観点から，金銭解決の対象となる違法解雇は，労契法16条により解雇が無効と判断される場合と同様に判断すべきである。また，申立権は労働者に限定すべきであり，使用者からの申立を認めることは，勤労権の保障や人格的利益の保護の観点から妥当ではない。

ただし，差別的解雇等（労基3条・104条，均等6条4号・9条2項・3項等，労組7条1号など）については，労働者申立が前提であっても，公序性の高い価値や公共的価値を保護法益とするもので，労働者個人の自己決定（意思）によって，金銭解決制度の対象とすることに慎重な見解もある。

55）　山下・前掲注29）「労働契約法の下における解雇法理の現状と課題」58頁参照。

56）　本稿では，あっせん制度の問題を強調する趣旨及び紙幅の制約もあり，ごく簡単に，その基本枠組のみを指摘するにとどめる。なお，解雇紛争の解決制度に関する最近の研究として，例えば，菅野和夫＝荒木尚志編『解雇ルールと紛争解決』（労働政策研究・研修機構，2017年），大内伸哉＝川口大司編『解雇規制を問い直す』（有斐閣，2018年）などがある。

57）　土田道夫「解雇の金銭解決制度について」季労259号（2017年）2頁（特に6頁）参照。また，雇用保障原理から解雇の第1次的救済は「無効」であるとしつつ，第2次的ルールとして金銭解決制度の正当性を肯定する（11頁）。

58）　したがって，現状の不法行為に基づく損害賠償請求の場合と要件が異なり，より金銭解決の救済の対象領域が拡大される。

59）　使用者からは，労働契約関係不存在確認を求める訴訟が提起されることもありうるが，これはあくまでも解雇の有効・無効を争うものであって，結論として，労働者の労働契約上の地位の存否を確認するものである。

60）　使用者からの申立権については，使用者側代理人の立場として，これを認めるべきとの見解も根強い。石井妙子「使用者側代理人からみた解雇の金銭解決制度をめぐる議論」季労259号（2017年）36頁参照。

61）　不当労働行為に関しては，別途，労働委員会による救済制度があり，労働組合の団結権に対する侵害は，かかる手続を通じた救済が図られるべきである。

62）　土田・前掲注57）「解雇の金銭解決制度について」16頁以下参照。

シンポジウム（報告②）

Ⅳ　おわりに

1　解雇のルールの明確化と紛争解決手続

　本稿では，解雇の有効要件の考慮要素と判断枠組について，ガイドラインを通じて明確化することを主張した。一方で，解雇の有効要件，中身としては解雇に至るプロセスを明確化することは，一定の手順を踏めば，解雇が正当化・確実化される道筋を示すことになり，解雇を誘発する危険性も否定できない。しかし，現状の解雇ルールのブラックボックス化は，解雇紛争の顕在化を妨げ，労働者，特に裁判に訴えることが難しい非正規労働者の雇用保障の観点から，適切ではない。使用者による雇用終了に対抗するためにも，その防衛ツールである労契法16条の内容を明確化し，公的にオーソライズすることは重要である。

　また，あっせんの合意や労働審判の調停，裁判上の和解を通じた金銭解決は，解雇の無効という効果を梃子にして，解決金の支払いと労働契約の解約の合意を実現するものである。しかし，現実には，解雇された労働者の中には，裁判で解雇を争うことを諦める者も少なくなかったと考えられる。そうした労働者の救済を図るためにも，本稿では，ガイドラインに基づくあっせんの積極的な活用が必要であることを強調したい。

　そして，ガイドラインは，労使にとってもわかりやすく，行為規範としても機能することが期待される。また，裁判における金銭解決制度も，労働者が選択した場合に認める仕組みであるべきことを考えると，適切にその選択を行うためにも，解雇の有効要件のガイドラインを整備する必要がある。つまり，解雇のガイドラインの整備は，解雇の金銭解決による実効的解決を図る上で，その前提条件を構成するものと考えられるのである。

2　あっせんと雇用終了

　申請件数は少ないとはいえ，使用者もあっせん申請ができる。解雇や雇止め，退職勧奨を行う使用者が，早期の金銭解決を目的として，あっせんを利用する可能性もある。労働者が任意にこれに応じ，解決金の受領と解約に同意すれば，

公的な仕組みの中で中立公正な第三者が介在することから，同意の真意性については，おそらく事後的に紛争となることは少なくなると考えられる。

　こうした運用が広がれば，労働局の事務局調査も含めて，紛争調整委員会のより一層のスキルアップが不可欠となる。また，合意の真意性を担保するために，原則1回の解決では，熟慮期間の保障の観点から適当ではなく，柔軟な運用を図る必要がある。あっせんの制度自体も，見直しが求められることになろう。

（やました　のぼる）

労働者の能力・適性評価と雇用終了法理
—— AI 時代の到来に際して——

龔　敏

（久留米大学）

I　問題の所在

1　雇用終了における労働者の能力・適性評価という問題の複雑性

　近年，国際競争の激化や少子高齢化の進展により人材不足が深刻化する一方，いわゆる「ローパフォーマー」等と呼ばれる職務能力・職務適格性が欠如している労働者を排除し，組織精鋭化に取り組む企業が増えている[1]。しかし，従来の日本型雇用システムの下では，労働者の人事評価は雇用終了問題に直結することが少なかったため[2]，雇用終了の局面では，労働者の能力・適性欠如の内容・程度が解雇を正当化できるほどのものか否かを客観的に判断するのは困難である。また，外国人労働者の増加に伴う職場における異文化衝突の問題，年齢が大きく離れた世代の共存に伴うジェネレーション・ギャップの問題なども，能力・適性欠如の問題に転化し得る。さらに，第4次産業革命ともいわれる技術革新が激しい現代社会では，多くの職業において，長年の経験を積んだ人でも新たなスキルの習得が必要となり，スキルミスマッチという今日的な課題もある。その結果，使用者の雇用終了の意思の引き金となり得る労働者の能力・適性欠如の類型は，多岐にわたる一方[4]，労働者の多くは，自分が能力・適性欠如による雇用終了の対象者となり得ることについて，自覚を持ちにくい（なお，本報告では，労働者の職務能力，職務適格性，コンピテンシー等の雇用終了事由を一括

1）　低成果労働者の人事処遇をめぐる諸問題について季労255号（2016年）特集2頁以下参照。

2）　野田進「『低成果労働者』の雇用をめぐる法的対応」季労255号（2016年）5頁。

3）　ネギシ事件・東京高判平28・11・24労判1158号140頁等。

して，「能力・適性」という用語に統一することにしたい）。

2　判例法理の到達点

　こうした労働者の能力・適性欠如を理由とする解雇について，判例法理では
その有効性を判断する枠組を形成している。①かかる能力・適性欠如の程度が
当該労働契約の継続を期待できないほど重大なものか，②使用者が指導，教育，
是正のための努力をしても改善の見込みがないか，③配転・降格等を通じて解
雇が避けられるか，④使用者による不当な人事，労働者の体調不良等，労働者
を宥恕すべき事情があるかに照らして判断される[5]。

　判例では，このような枠組の適用にあたって，高待遇・専門職労働者，職種
限定労働者の業績不良，勤務態度不良については，解雇の有効性を緩やかに認
める傾向が見られる[6]。しかし，最も中心的な要素とされる，雇用終了局面にお
ける能力・適性評価について，裁判例は，相対評価に基づく解雇[7]，十分な評価
期間を置かずになされた解雇[8]や業績評価において新たな担当業務を重視しすぎ
た解雇[9]等については，有効性を否定しているが，労働者の能力・適性評価に対
する立場が必ずしも明白ではなく，解雇理由を正当化し得る基準が定立してい

---

4 ）　判例では，①業績評価の低下，②勤務態度不良のほか，③第三者による評価の低下，④
資格の喪失，⑤協調性やコミュニケーション能力の欠如（メンタルヘルスの問題を含む），
⑤外国人の日本語能力の不十分さ（リーディング証券事件・東京地判平25・1・31労経速
2180号3頁）等を理由とする解雇の有効性が争われている。
5 ）　裁判例は解雇権濫用法理（労契法16条）と上記判断枠組の関係をはっきり意識している
とは言えないが，上記①，②は解雇における「客観的合理的理由」に対する判断であり，③，
④は解雇の社会通念上の相当性に対する判断と解することができる。
6 ）　このほか，小規模企業では配転可能性を判断される際に考慮されること，コミュニケー
ション能力や協調性が主な解雇事由となる場合は信頼関係破壊の観点や業務全体への支障の
観点から解雇が認められやすいこと等の傾向も見られる。最近の裁判例の動向について，山
下昇「低成果労働者の解雇に関する最近の裁判例の動向」季労255号（2016年）15頁を参照。
7 ）　セガ・エンタープライゼズ事件・東京地決平11・10・15労判770号34頁，日本IBM事件
（PBCの後PIPを実施）東京地判平28・3・28労判1142号40頁等。
8 ）　共同都心住宅販売事件・東京地判平13・2・27労判812号48頁等。
9 ）　ジェー・ピー・モルガン・チェース・バンク・ナショナル・アソシエーション事件・東
京地判平28・4・11 LEX/DB2542793。

シンポジウム（報告③）

るとは言えない。[10]

3 解雇の「確実化」を狙う新たな人事評価の動き

また，使用者の雇用システム，事業所規模，労働者の雇用形態・職種・職務が異なっても，基本的にはこの判断枠組の中で判断されるが，外資企業の中途採用者をはじめ，職種・職位等が限定され，長期雇用を前提としない労働者にも同様に妥当するかという問題が提起されている。[11]労働者の能力不足や適性欠如がどの程度重大であれば，解雇を正当化できるのかについて，こうした多様な考慮要素を見極めた上で判断しなければならず，使用者にとっては予測可能性が低い。

そのため，実態として次のような「攻撃的」人事対応を採る企業が増えている。一つは，執拗な退職勧奨を通じて，できるだけ解雇を避ける手法であるが，労働者の能力・適性を理由とする雇用終了だけに見られる問題ではないため，本報告では割愛する。もう一つは，透明性・客観性が高いと思われる評価制度を導入した上で，労働者の能力・適性欠如を明白に立証し，解雇事由の正当性を徹底的に証明する手法である。たとえば，長期雇用システムを前提としない外資企業等を中心に見られる，「業績改善計画」制度とも呼ばれる PIP（Performance Improvement Plan（Program））等，従来の成果主義制度の進化形とも言える人事評価制度[12]の活用が典型的な例である。従来の判断枠組の中で，これらの人事評価制度は法的にどう評価すべきかがまだ確立しているとは言えず，重要な課題の一つとなっている。

---

10) 労働者の業績不良が認められても他の要素から解雇の効力を否定する裁判例が多い一方，解雇の事例ではないが，人事評価が良好であっても，それが形骸化しているため信用性を過大評価できないとして，退職勧奨を拒んだ労働者への配転命令を有効と判断した裁判例もある（コロプラスト事件・東京地判平24・4・27 LEX/DB25483579）。

11) ブルームバーグ・エル・ピー事件・東京高判平25・4・24労判1074号75頁，同第1審：東京地判平24・10・5労判1067号76頁，ドイツ証券事件・東京地判平28・6・1 LEX/DB: 25543184。

12) たとえば，労働者と上司が目標設定に関して話合いをする上になされることが多い PBC（Personal Business Commitments）評価，PMO（Performance Management Online）評価，上司のほか同僚等の評価も反映される360度評価等。

さらに，そう遠くない将来には，人工知能（Artificial Intelligence. 以下，「AI」という）の実用化が雇用に様々な影響を及ぼすと予想されている。現に起きている変化の一つとして，労働者の能力・適性評価を含む人事業務における AI の活用が徐々に浸透し始めている。AI やビッグデータの活用は，採用の適正化や人事評価の透明化に寄与すると期待される一方，能力・適性評価の表面的妥当性を充足することで，労働者の適性欠如を証明することも，雇用終了を正当化することもさらに容易になってしまう，という大きな懸念もある。

4　本報告の検討課題

本報告は，まず以上の 2 つの課題について検討し（Ⅱ），次に，法的審査が困難と思われるような雇用終了局面における労働者の適性評価について，その結果自体や雇用終了プロセス段階に対する規制のみでは不十分であることを検証したい（Ⅲ）。最後に，雇用終了局面に関連する労働者の能力・適性評価については，労働契約履行過程を貫通する法的審査が必要であるという立場から，労働契約における能力・適性明示義務を試論として提示したい（Ⅳ）。

Ⅱ　雇用終了における労働者の適性評価をめぐる新動向と法的課題

1　PIP と解雇

(1)　PIP の趣旨と法的性格　　まず，PIP とは，業績が低下していると判断された労働者に対して，一定の期間を設定し，課題を与えて能力・業績を向上させるパフォーマンス・マネジメント手法の一つであり，日本だけではなく，国際的に見てもここ数年間で急速に広がっている。このような制度は，労働者の業績改善を図るという本来の趣旨に沿って労働者が職務遂行上抱えている問題点を具体的に指摘し，合理的なプロセスを通じて活用される限り，雇用終了回避措置としての役割も果たすことになり，評価すべき面もある。

こうした PIP の法的性格に関して，最近の裁判例では，一定の期間を設定した上，上司と部下が具体的な業績目標や取るべき行動（アクションアイテム）等を設定し，お互いに進歩状況を密に確認しながら進めていく手法として行わ

れた PIP について，「誰に対して適用するかについては，使用者が労務指揮権（指揮命令権）の一環として包括的な改善指導権限に基づいて裁量的判断で行うことができるもの」と解しているものがある[13]。

(2) PIP 制度と解雇権濫用法理（労契法16条）　しかし，PIP の法的性格を労務指揮権の一環として行われたものと捉えた場合，次の問題点が浮上する。第1に，PIP を拒否すること自体が解雇の直接的な理由となる。すなわち，この場合，労働者が反抗的な態度を示し続けたり，意欲的に取り組む姿勢を示さなければ，解雇理由に該当すると判断され得る[14]ため，労働者がはじめから PIP を拒否することができない。しかし，PIP の結果次第で解雇されることがあると予告された場合，労働者が冷静に PIP を受け入れるとは考え難く，苦渋の選択に追い込まれる[15]。

第2に，こうした状況の中で，労働者が不本意ながらも PIP の実施を受け入れた場合，設定された目標を達成できなければ，やはり解雇の「客観的合理的理由」が認められる可能性がある[16]。裁判例では，PIP で課されたノルマのほとんどまたは一部を達成していることから，解雇を正当化する理由がないと判断するものがある[17]。しかし，これを反対解釈すれば，PIP で課された目標等の未達成が解雇理由となり得ることを示唆しているようにも読める。

第3に，判例法理では，解雇が正当化されるためには，当該労働者の適性欠如について「改善・向上の見込みがない」ことを要するが，PIP が労働者への指導・再教育・改善機会付与措置の一環として位置づけられれば，これを実施することにより，この基準が比較的に容易にクリアされる[18]。

(3) PIP に対する法的審査と濫用の可能性　　このように，PIP が単なる改

---

13)　マイクロソフトディベロップメント事件・東京地判平25・11・6 LEX/DB25502365。

14)　前掲注13)マイクロソフトディベロップメント事件。

15)　あらた監査法人事件・東京地判平27・3・31 LEX/DB: 25540159。特に，日本では，イギリス法等にあるみなし解雇法理が存在しておらず，退職追い込みを目的とする PIP 命令であっても，不法行為責任はともかく，退職自体に対する救済が困難である。

16)　なお，PIP における目標設定については，「必ずしも労働者の同意が必要とされるものではない」とするものとして，前掲注13)マイクロソフトディベロップメント事件。

17)　前掲注11)ブルームバーグ・エル・ピー事件。

善指導措置にとどまらず，雇用終了ツールとして使われる場合や解雇の可能性も念頭に置いて実施された場合，労務指揮権の範囲内にとどまっていると捉えることは妥当とは言えない。すなわち，PIP の結果次第で解雇の有効性が大きく左右されるのであれば，典型的な PIP 書式に見られる評価内容（労働者の何が評価されるか，何が問題とされているか[19]），課題設定（過大な課題又は過小な課題になっていないか），改善期間等はもちろん，評価結果の適切な位置づけ（他の適性評価制度との関係，解雇権濫用法理の中の位置づけ）等に対する法的審査も必要である。さもなければ，PIP を通じた労働者への退職追い込みがエスカレートする等，PIP 制度の濫用について歯止めがかからないことが懸念される。

　しかし，解雇無効と判断した前掲日本 IBM 事件も含めて，PIP の実施後に労働者が解雇された裁判例では，PIP の結果が解雇有効性の判断要素とされてはいるものの，その内容に踏み込んだ法的審査が確立しているとは言えない。その背景には，PIP の実施趣旨と解雇意思の関連性の証明が容易ではないこと，PIP は形式的妥当性を有する場合には，それに対する法的審査の必要性と合理性の立証が必ずしも容易ではないこと，等が挙げられる[20]。そして，この問題点は，次に述べる，人事業務における AI の活用によりさらに浮き彫りになると思われる。

2　人事における AI 活用の最新動向と法的課題

（1）　現状及び労働者の適性評価への影響　　現在，日本も含めて世界各国において，AI やビッグデータ，クラウド等を活用する HR テック（Human

---

18)　たとえば，PIP の実施や転勤等を経ていたことから，「意識改革を図るための機会は十分に付与されていたということができる」と判断し，労働者の業務能力や勤務成績については今後も改善の余地がないと判断して解雇の有効性を認めた裁判例として，コンチネンタル・オートモーティブ（解雇・仮処分）事件・東京地決平27・11・27労判1151号70頁。なお，PIP が整備されている場合でも，解雇にあたってそれを実施するか否かが使用者の裁量に委ねられているとする裁判例として，トレンドマイクロ事件・東京地判平24・7・4労経速2155号9頁。

19)　鈴木剛『解雇最前線―PIP（業績改善計画）襲来』（旬報社，2012年）33頁を参照。

20)　前掲注12)に挙げられた評価制度に関しても，これまでの不透明な人事評価より「客観性」，「公正性」があるように見えるため同様な問題が挙げられる。

シンポジウム（報告③）

Resource Technology）の進化が加速している。[21] これにより，人間では処理しきれないような膨大な情報を蓄積・高速処理し，そこから結論を導き出すことができるだけではなく，企業ごとの特性を学習し，人間では想像もつかなかったような因果関係を突き止める可能性があると言われている。たとえば，数多くの求職者に対して，他社からの評価，性格診断データを高精度に分析し，スキル・コンピテンシー・人間関係などを可視化し，各企業の中長期的戦略に沿う人材を抽出することはもちろん，現状各労働者が保有している能力・スキルから，各企業の経営戦略にあわせた能力・スキルに向けて，人材育成の方向性や当該労働者のキャリアパスを提案すること，特定の労働者の行動パターン，個人能力，経験，適性に関するデータを収集し，その配属を最適化すること等は，AI 等の技術の活用により実現しやすくなった。[22]

（2）適性評価制度の聖域化？　このように，AI を活用した評価は，人間の勘・経験だけに基づく判断よりも客観的・合理的と解することができるなら，雇用終了局面における適性評価プロセスに対する法的審査の必要性が一部軽減されることも期待される。こうした動きは，今の段階ではまだ一部の大企業や中堅企業に限られており，また，採用，人材育成，離職者対策として採用されることが多いが，今後日常的な人事評価にも当然活用できるし，これから技術革新の劇的な発展により，急速に普及する可能性もある。

しかし他方で，使用者は AI やビックデータという科学的評価手段を使って，労働者の能力・適性評価を行った結果，当該労働者の雇用継続が困難であるという意思決定に至った場合，このような評価は実質上解雇を裏付ける根拠となるが，先ほど考察した PIP 等の制度よりも法的審査が一層難しくなる可能性があり，AI 等の技術を活用した労働者の適性評価は聖域化，あるいはブラックボックス化してしまう懸念もあるように思う。

21）　福原正大『人工知能×ビッグデータが「人事」を変える』（朝日新聞出版，2016年）。
22）　人事において AI を活用した具体的な事例については，経済産業省「新産業構造部会　人材・雇用パート（討議資料）」（2017年2月13日）57-60頁も参照。

Ⅲ　雇用終了プロセスにおける適性評価への法的審査の意義と限界

1　適性評価プロセスに対する法的審査のあり方

(1)　公正評価義務の意義と限界　　学説では，主に成果主義賃金との関係で，使用者の公正査定義務や適性評価義務が従前より唱えられてきた[23]。近年，解雇段階における公正評価義務もこの延長線にあると解する見解がある[24]。本報告も，賃金査定の場面だけではなく，雇用終了プロセスにおいても，労働者に対する能力・適性評価が職務遂行をめぐってなされた公正なものでなければならないことを，一般原則として認めるべきと考える。しかし，こうした中で，合理的な人事制度を就業規則等で定め，評定が制度に則って適切にされていれば，合理的なものと推定される傾向が見られること，人事考課の制度化・透明化，評価結果の説明や苦情処理手続きが整備されれば，人事評価の「公正さ」判断のプラス要素としても評価されること[25]に鑑みれば，PIP や人事業務における AI 活用の拡大に伴い，こうした公正評価を担保する実質的な法的審査がますます困難になると言わざるを得ない。こうした懸念から，本報告は，公正評価義務を労働契約における一般原則として重要な意義があると位置づけながらも，これを超えた法的審査のあり方を検討しなければならないと考える。

(2)　手続き規制の重要性と限界　　また，諸外国の制度まで少し目を広げると，人事評価プロセスに対する法的規制の一例として，たとえば，韓国では，公正人事指針という行政指針の中で，業務能力の欠如などに基づく通常解雇に

---

23)　毛塚勝利「賃金処遇制度の変化と労働法学の課題」日本労働法学会誌89号（1997年）22頁，唐津博「使用者の成果評価権をめぐる法的問題」季労185号（1998年）46頁以下，石井保雄「人事考課・評価制度と賃金処遇」『講座21世紀の労働法　第5巻　賃金・労働時間』（有斐閣，2000年）132頁以下，三井正信「労働者の能力を公正に評価する義務は使用者の労働契約上の義務として構成可能か」日本労働研究雑誌501号（2002年）85頁以下等。人事考課の適正化をめぐる学説の議論状況については，畑井清隆「人事考課の適正化について」法政研究82巻2・3号（2015年）912頁以下も参照。

24)　高橋賢司『解雇の研究─規制緩和と解雇法理の批判的考察』（法律文化社，2011年）296頁以下。

25)　柳屋孝安「人事考課の裁量性と公正さをめぐる法理論」労研617号（2011年）38頁。

シンポジウム（報告③）

ついては，評価の基準，方法，実行，業務能力の欠如，勤務成績不振者の選定といった側面から，公正評価における具体的な判断要素を示す方法がある[26]。あるいは，イギリスのように，能力・適性を理由とする解雇に限定されないが，ACASが制定したガイドラインに定められた手続きの履行を求める方法もある。しかし，これらの手続き上の規制は，使用者の恣意的な評価を規制するには，重要な役割を果たしている一方，PIP等の新たな人事評価制度に関して，十分な規制機能を果たせず，使用者は所定の手続きを一通り履行すれば，有効に解雇できるのではないかという懸念もある[27]。

2 雇用終了時の能力・適性評価に対する労働契約論からの再整理

（1） 労働契約上求められる能力・適性の可視化　　そもそも，仮に使用者から見て労働者への評価が公正であり，雇用終了を正当化できる場合であっても，労働者にとっては，納得し難い場合もあろう。すなわち，労働契約締結時に労働契約上求められている能力・適性について，労使間で合意しておらず，その後も労働者の能力・適性を考慮した適切な配置がなされたとは言えない場合，ある段階から突然，労働者の能力・適性欠如を指摘し，雇用終了の段階において，PIP等の実施を業務命令として出すことは，労働契約論から見るとアンフェアではないか，という根本的な問題が問われる。

　こういう視点から，報告者は，AI時代の到来に際して，労働者の適性を理由とする雇用終了法理は，終了プロセスに着目するだけでは不十分であり，労働契約論の本質に戻って，より立体的にこの問題を捉える必要があると考える。具体的には，労働契約論の観点から，雇用終了を正当化するためには，「債務の本旨に従った」労務の提供がなされていないことを要するが，これまでの判例では，この点に対して十分な検討がなされたとは言い難い[28]。「債務の本旨に

---

26) 李鋌「公正人事指針─職務能力と成果中心の労働力運営のためのガイドブック」季労255号（2016年）75頁を参照。

27) これで，実際，韓国の新政権では労働組合側の強い反対を背景にその廃止が早々決まっているようである。なお，この点に関する指摘として，野田・前掲注2）論文13頁，李鋌「『公正人事指針』の意義と機能」季労255号（2016年）45頁も参照。

従った労務提供義務」が履行されたと評価できる労働者の能力・適性について，理論上，労働契約上の合意によるはずであるが，この点，長期雇用を前提とせず職種・職務限定の労働者とそうでない労働者と大きく異なることは，言うまでもない。後者に関しては，労働契約上，一定の能力・適性があることが前提とされていない以上，よほどの事情がない限り，これを理由として解雇されないとも言うべきであり，労働契約の空白性が労使ともに一定のメリットをもたらす。しかし，これは企業の競争力向上の視点から見ると問題があり，執拗な退職強要の横行という実態をもたらした重要な原因でもある。また，職種限定の労働者に関しても，能力・適性をめぐる労働契約上の合意が十分になされているとは言い難いため，裁判例では，平均以上の能力が求められているか，給与額の水準から期待された能力を推定する手法等が取られており，基準が可視化されていない。

(2) 雇用終了事由としての能力・適性欠如の再整理　また，そもそも，当事者の合意に入る前に，労働契約の終了を正当化し得る，能力・適性欠如の範囲を制限的に捉える必要もあろう。学説では，これを解雇類型化の問題として捉え，たとえば，勤務態度等主観的な評価を伴う事由が問題となったケースでは，普通解雇としてなされた場合でも懲戒法理を適用・類推適用すべきだと指摘されている。[29]特に，近年，協調性の欠如，マインド，資質等を解雇理由として挙げている事案が多く見られる。しかし，職場の人間関係や労働者の協調性が問題視された場合，それが本当に解雇を正当化するほど業務遂行に支障をもたらしたか，職場のダイバーシティ尊重の視点等からも見直した上，能力・適性欠如の範囲を限定して解釈する必要がある。また，仮にそれが業務遂行に支障をもたらしたとしても，労働者のみの責任にすることは妥当ではない。後述するように，使用者が採用時に本人の能力・適性と社内文化を踏まえて関連事項を明示しているか，適正な配置等を通じてそれを改善するための努力を行っ

---

28) 判例法理は，「解雇を正当化するだけの能力が真に欠如しているのか，さらには，債務の本旨に従った労務提供義務を履行する場合に要求される『能力』とは何かという問いに十分に答えてこなかった」と指摘したものとして，髙橋・前掲注24)書292頁。

29) 髙橋・前掲注24)書291頁。

シンポジウム（報告③）

たかという視点からも検討すべきである。

Ⅳ　労働契約における能力・適性明示義務に関する試論

1　能力・適性明示義務の法的意義

　以上の視点から，報告者は，従来の日本型雇用では，採用基準自体及びその合理性は不透明であるからこそ，そこを克服して，労働契約上に求められる労働者の能力・適性に関して一定の範囲で把握し，明示する必要があると考える。そして，以下の理由により，労働契約における能力・適性明示義務を試論として提示したい[30]。

　第1に，労働契約における本質的債務の可視化という法的要請に応えられる。雇用市場の流動化の進展に伴い，現在PIPを導入している企業は外資企業が中心であるが，今後さらに拡大することも考えられる。裁判例では，PIPは業務命令として出される限り，専ら使用者の裁量権に委ねられるとされている。しかし，PIP対象者として選定された労働者にとっては，どのような能力・適性が労働契約締結時に期待されたかすらわかっていない状況の中で，能力・適性欠如を前提とするPIPを受けざるを得ず，使用者の裁量で出される課題設定と評価結果次第で雇用が終了するのは妥当ではない。

　第2に，労働契約の履行という視点からも労働者が労働契約上求められている能力・適性をできるだけ明確にすることが望ましい。職種が限定されていない労働者であっても，労働契約の本質的債務として，どのような能力・適性が期待されているかを労働者にいったん明示すれば，後から異なる評価要素で労働者の能力・適性を恣意的に否定することができなくなる。こうして評価対象の特定を通じて，人事評価の公正性を担保するという点でも，意義が認められる。

---

30)　労契法1条・3条4項・4条を根拠として，職務能力をめぐる合意を怠ったリスクは使用者自らが負うべきであると指摘する見解として，小宮文人・ブルームバーグ・エル・ピー事件評釈「職務能力の低下を理由とする解雇の効力」ジュリ臨時増刊1466号（2014年）241頁。

2 能力・適性明示義務の内容

こうした能力・適性明示義務は，第1に，具体的な成果，目標を明示することを意味しているわけではなく，当該労働者に求められているスキル・コンピテンシーについて，できるだけ明確に限定した上，十分な説明義務を履行しなければならないことを意味している。たとえば，課題設定力，ITにかかるスキル，コミュニケーション能力，リーダーになる資質，分野を超えて専門知や技能を組み合わせた実践力[32]等の能力・適性評価要素が想定される。そのため，専門職労働者や即戦力が期待される中途採用の労働者等だけではなく，長期雇用システムを前提とする職種限定のない労働者であっても，労働契約締結時に当該労働者の能力・適性を十分に踏まえた上で，どのような資質が債務の本旨を構成するかを明示することが可能である。

第2に，使用者は，評価者も含めて評価制度の詳細についても明示しなければならない。たとえば，判例では，第三者による評価が雇用終了の原因となる場合，その評価の重要性について，労働者が十分に認識していたかを重要な考慮要素としており[33]，労働者は自分がどのように評価されるかについて，労働契約締結時にも知る権利を認められるべきである。さらに，新たな能力が求められた場合等，評価要素に変化が生じた都度，使用者は労働者に説明し，同意を得るための努力義務等が課される[34]。また，こうした明示義務の履行は，就業規則規定の精緻化[35]だけでは不十分であり，個別の労働契約において使用者に課されるものと解される。

---

31) 仮に一定の成果・目標の達成が契約内容として合意された場合でも，従属性が認められれば，その成果の達成は努力目標と解釈する見解として，村中孝史「成果主義と解雇」土田道夫＝山川隆一『成果主義人事と労働法』（日本労働研究機構，2003年）218頁。

32) 前掲注22)経産省討議資料22頁。

33) 生徒アンケートの評価が悪いこと等を理由とする講師への解雇について，原告はかかる評価の重要性については十分に認識・理解していたとした上，解雇有効と判断した裁判例として，類設計室事件・大阪地判平22・10・29労判1021号21頁。

34) 労働契約締結時に，労働者の希望と労働者の適性に対する分析結果を踏まえた上で求められる活躍像が大きく異なる場合，使用者がどう対応すべきか，という問題がある。この場合，労働者の要望を受け入れたが，業績が良好ではなかったことを理由とする解雇の有効性が認められやすくなると考えられる。

シンポジウム（報告③）

　第3に，使用者は，労働者の適性を十分に考慮せず様々な能力を網羅的に並べるだけでは，能力・適性明示義務の履行として認められない。かかる義務を履行する前提は，労働者の能力・適性を適切な方法により把握し，それに合わせて当該企業でのキャリアパスを明示することである。いわゆる「採用ミス型」や「やる気なし型」のローパフォーマー[36]は，使用者が労働者の適性と自社の求める人材像を十分に把握できなかったことにも原因があり，雇用終了の場面でこのようなミスマッチを労働者のみの責任にするのはフェアではない。また，こうした義務の履行は，使用者にとって一定の負担になるとはいえ，今後，企業にとって競争力のコアが人材に移行し，人材不足がさらに進行する状況の中で，採用ミスマッチを減らせること，雇用終了の場面では，労働者の能力・適性欠如を客観的に証明しやすくなることを考えると，使用者側にもメリットがある。その上，今後 AI の活用により労働者の能力・適性を的確に把握するための負担が大きく軽減されることも予想されるため，非現実的なものではない[37]。

3　違反があった場合の法的効果

　能力・適性明示義務を労働契約上の義務として認めることは，第1次的に，雇用終了における使用者の能力・適性評価権に対する労働契約の内在的規制を意味する。労働者が自ら労働契約上求められている能力・適性について十分に理解していない場合や，使用者が労働者の能力・適性を配慮した職務配置をしていない場合等，使用者がかかる義務の履行を怠った場合，労働者の能力・適

---

35)　職種ごとに更には企業全体としてコンピテンシーを明確化した上で，就業規則の解雇規定をより精緻化することで，これに基づいた能力評価を踏まえてなされた解雇については，裁判も容易に認め得ることを指摘した見解として，井村真己「日本企業の解雇の場面における『能力』評価の合理性について」労研650号（2014年）13頁。

36)　ある人事コンサルタントの著書では，ローパフォーマーは，①採用ミス・放置型，②基本能力不足型，③言われたことだけ・やる気なし型，④センス・スキル陳腐型，⑤青い鳥探し型，⑥人間関係悪化型，⑦部署・仕事・事業消滅型という7つの類型に分類されている（秋本暢哉『人事コンサルタントが教えるローパフォーマー対応』（日本経済新聞出版社，2016年）34頁）。

37)　一定規模以上の使用者に限定されることも考えられる。

性欠如を理由とする解雇は不当である[38]。

　また，使用者が労働者に対して，雇用終了の可能性が含まれる PIP 等を受けさせる場合，配転や出向を命じる場合，労働者の能力・適性欠如を理由に労働契約を変更しようとする場合にも，能力・適性明示義務を果たしていなければ，労働者はそれを拒否することができる。使用者は，これを理由として解雇することができないと解すべきである。

　さらに，使用者はこの義務を怠ったことにより労働者に損害を被らせた場合，債務不履行として損害賠償を認める余地もある。無論，この義務を果たしたとしても，解雇権濫用法理による法的審査の余地が残ることは，言うまでもない。

4　予想される批判とそれに対する私見

　しかし，このような試論については，未整理の課題が多く残されており，様々な批判も考えられる。たとえば，このような義務は，職務限定型雇用が主流ではない日本型雇用システムとは親和性がなく，非現実的だという批判があろう。しかし，これから，技術の革新，雇用の流動化が進む中で，多様な能力・スキルを持った人材を惹きつけるためにも，労働者の適性を適切に把握し，それを十分に発揮させることは労働者のみならず，使用者の最重要課題の1つとも言える。また，若者雇用促進法指針も，新卒採用の際に，企業の求める人材像，採用選考にあたって重視する点，職場で求められる能力・資質，キャリア形成について明示すべきとしている[39]。この意味では，少なくとも労働契約締結プロセスにおいて，職務内容・能力・適性を明示することは，新卒者採用を主流とする日本型雇用システムにも要請されており，時代の流れとも言える。

　次に，労働契約上求められる能力・適性等を締結時等に明示すると，解雇理由の立証がしやすくなるなど，労働者保護の視点からの懸念も考えられる。し

---

38)　ただ，適性を理由とする解雇について，不当な解雇でも終了する可能性を認めるべきであり，複線的に検討する必要がある。解雇の法的効果について無効以外の効果も議論する必要があるとする指摘として，大内伸哉『解雇改革―日本型雇用の未来を考える』（中央経済社，2013年）14-15頁等。

39)　平成27年厚労省告示第406号。

シンポジウム（報告③）

かし，既に述べたように，雇用終了における労働者の能力・適性欠如の問題では，企業の求める人材像と労働者の意識とのミスマッチに由来するものが大きな割合を占めている。企業と適性が合わず，戦力とならない労働者を不明確な解雇規制の下で企業内に滞留させることは，企業競争力の低下をもたらす恐れがあるだけではなく，労働者にとっても，将来のキャリア形成の機会を失うことになり，キャリアオーナーシップの観点からも好ましい結果ではない。

V 結びにかえて

最後に，これに関連するが，AI等の技術の進展に伴って，従来の長期雇用システムが後退すれば，労働者にとっては，雇用保障，すなわち労働契約の存続そのものの意義が相対的に薄れて，その代わりにキャリアに関する利益がより一層重要になることも考えられる。これを踏まえると，雇用終了前後の転職支援だけではなく，雇用中においても，キャリア形成支援という視点から労働者の能力・適性，キャリアパスに配慮して，労働者を適正に配置すべきである。[40]これらのことは，前述した能力・適性明示義務と合わせて解雇有効性の判断要素として考慮されなければならない。

また，現在の判例法理においては，使用者の注意・指導は解雇の有効性を判断する上で重要な要素として位置付けられているが，現実では，その注意・指導が形式的なものにとどまることが多く，労働者の能力・適性問題の改善につながらないどころか，問題が深刻化することも少なくない。この点，労働者の能力・適性問題を改善するためには，一定の教育訓練期間を申請する権利の保障[41]や雇用終了場面における労使の対話プロセス等[42]，より実質的な措置が要請される。

（きょう　びん）

---

40) 諏訪康雄『雇用政策とキャリア権―キャリア法学への模索』（弘文堂，2017年）等。
41) イギリス法では，250人以上の労働者を雇用している使用者は，26週間以上継続勤務した労働者が自らの業務遂行を改善するために教育訓練を受けるタイムオフを申請した場合，28日以内にそれを承諾するか，労働者と話し合って検討しなければならないことになっている。
42) 本シンポジウムの所報告も参照。

雇用終了における人選基準法理
―なぜ私なのか？―

柳　澤　　武

(名城大学)

Ⅰ　はじめに――本報告の目的

　労働契約の終了においては，労働者から辞職あるいは合意解約の申し込みをしない限り，使用者の人選によって特定の個人や集団が選ばれる場合が少なくない。そのような使用者による人選の問題が最も先鋭化するのが，整理解雇法理の正当性判断の4要件（要素）の一つである人選基準の合理性である。整理解雇法理の誕生以降40年余りが経過し，現在に至るまで多くの裁判例が蓄積されているものの，人選基準が「客観的」かつ「具体的」という最低限の規範を超えて，より積極的・具体的な指標が示されることはないまま，「基準なき基準」ともいうべき状況が続いている。さらに，AI による人事労務管理（Human Resources Technology, 以下「H. R. Tech.」という）が現実のものとなりつつある現在，今後の被解雇者の人選に与える影響を視野に入れるなど，雇用慣行や人事労務管理の変化を見据えた再検討が求められる[1]。現に H. R. Tech. 先進国であるアメリカでは，アルゴリズム（algorithm）を用いた被解雇者選定の合理性が争われる訴訟なども提起されている[2]。

　また，人員削減を目的とする人選は，整理解雇のみに関わる問題ではなく，

1）　採用過程や人事考課の一部では，AI の活用が現実化している。日本 IBM が手掛けた AI によるソフトバンクの新卒採用について「就活，AI で書類選考」日本経済新聞2017年5月30日13面，セプテーニ HD の自社 AI を用いた人事システムについて「AI で変わる採用選考」朝日新聞2017年6月5日26面など。日本企業への導入を推奨するものとして，福原正大＝徳岡晃一郎『人工知能×ビッグデータが「人事」を変える』（朝日新聞出版，2016年）。

シンポジウム（報告④）

解雇の代替的処遇（オルタナティブ）として行われる雇用終了あるいは当該企業外への排除の場面，より具体的には，人員削減のための出向，指名退職勧奨，変更解約告知でも問題となりうる。すなわち，労働条件の切下げや大幅な変更を伴うような攻撃的雇用終了においては，様々な解雇の代替的処遇の活用が試みられるのであり，解雇の場面のみに着目するだけでは，課題の本質に迫ることはできない。雇用終了の全体像を見据えた問題状況の把握は，人選基準の合理性を検討するに際しても求められる。

　本稿では，このような問題意識にもとづき，まず，人選基準の指標を形成する意義を確認するとともに，近年の人選基準をめぐる紛争において，「基準なき基準」に起因する課題が顕在化していることを示す（Ⅱ）。続いて，整理解雇法理に求められる人選基準の指標を提示することで，雇用終了における人選基準の在り方を考察する（Ⅲ）。最後に，解雇の代替的処遇と整理解雇法理との関係に着目し，人選基準法理の広がりについて検討し（Ⅳ），議論の方向性を示すことにしたい。

Ⅱ　「基準なき基準」の意義と限界

1　そもそも指標は必要なのか？

　学説上は，人選基準の明確化に対して消極的な立場も少なくない。代表的なものとして，「整理基準の抽象性，主観性を完全にぬぐいさることは不可能」であるとして，むしろ使用者が具体化・客観化するために努力したかどうかに注目すべきとの見解がある[3]。また，過去の本学会シンポジウムでは，整理解雇

2）　Houston Federation of Teachers Local 2415 v. Houston Independent Sch. Dist., 251 F. Supp. 3d 1168 (2017). 私企業が開発したアルゴリズムにより公立高校の教員が解雇された事案で，デュープロセス（憲法第14修正）との関係では，なぜそのような結果が出たかを審査すべきであるとした。アルゴリズムに求められる透明性については，Robert Brauneis & Ellen P. Goodman, *Algorithmic Transparency for the Smart City,* 20 YALE J. L. & TECH. 103 (2018) も参照。

3）　藤原稔弘「整理解雇法理の再検討」山川ほか編『解雇法制を考える〔増補版〕』（勁草書房，2004年）169頁。より消極的な立場として，池田悠「会社更生手続下での整理解雇にかかる人選基準の合理性」論究ジュリ19号（2016年）153頁も参照。

法理の人選基準について「日本では，社会的合意が形成されておらず，特定の考慮要素を法律によって定めるには，機が熟していない」との見解も示された。[4]それでもなお，人選基準についての指標を構築しなければならない，より積極的な理由が存在するのだろうか。さしあたり次の2点を主張しておきたい。[5]

まず，整理解雇法理における人選の合理性は，結果の予測可能性に直結するという点において，他の3要件（要素）と異なる位置を占めている。整理解雇法理における人選の合理性は，同要件が否定された場合には当該労働者に対する解雇権濫用が必ず成立するという点で極めて重要な位置を占めており，実務的にも重要な課題である。「基準なき基準」は，被解雇者となりうる労働者にとってのみならず，やむを得ず整理解雇を行わなければならない使用者にとっても望ましいものではない。整理解雇法理における人選基準を明確にすることは，解雇の確実化を求める立場からも要請されるべき課題といえる。

また，次で詳しくみるように，近年の裁判例では，表見的には合理性が認められる傾向にあるような基準を明示しつつも，実質的には不合理な基準（主観的な基準，労働者への報復目的）を用いて被解雇者を選定するような裁判例がみられる。[6]さらには，労働局の個別労働関係紛争のあっせんにおいても，形式的には経営上の理由を挙げながらも，隠れた雇用終了（被解雇者選定）の理由の存在が疑われる事案が多いとの指摘があり，人選基準が機能していないことが要因の一つとみることができよう。[7]本来であれば人選の合理性が認められないために解雇無効との結論が導かれるべきであるところ，基準自体の不明確さゆえに，経営上の理由を用いるほうが解雇しやすいとの逆転現象すら生じかねない。

4） 島田陽一「解雇規制をめぐる立法論の課題」日本労働法学会誌99号（2002年）89頁。

5） より詳細な私見は，柳澤武「整理解雇法理における人選基準の法的意義」法政研究82巻2・3合併号（2015年）769頁。本稿は，同論文で示した問題意識の延長上にある。

6） この点，米津孝司「整理解雇法理と日本型雇用慣行」法律時報73巻3号（2001年）118頁は，「一見中立的・客観的でも，実質的には組合活動家排除の効果をもつ基準が設定されることも起こりうる」ことを危惧し，「日本における人選基準のルールはあまりに不透明で，かつ使用者側の観点に傾きすぎ」と指摘している。

7） JILPT編『日本の雇用終了』（JILPT，2012年）238頁，同『日本の雇用紛争』（JILPT，2016年）230頁。もっとも，あっせんレベルでは，裁判規範が意識されにくいという実態も認めざるを得ない。

シンポジウム（報告④）

　このように，現在の「基準なき基準」を克服しない限りは，整理解雇における人選基準の合理性審査という要件（要素）は，極めて空虚なものとなり，裁判紛争に限らず，その他の紛争解決手段においても，結果の妥当性に大きな疑問を持たざるを得ない。それゆえ，人選基準について，使用者の裁量を過度に広く解する立場には賛同しがたいのである。

2　近年の裁判例で争点となった基準

　（1）　具体性が疑わしい基準　　まずは，「具体的」か否かという，最低限の規範から検討しなければならない。基準が存在しない場合や，あまりにも抽象的な基準に合理性が認められないことには争いがない[8]。たとえば，単に「非採算部門」に所属する労働者との基準のみを用い，より具体的な基準を示さないまま高い賃金水準の者を選択するような手法は，人選基準として認められないとの結論になろう[9]。

　実際に問題となるのは，協調性や人間関係といった基準を用いた場合である。たとえば，淀川海運事件（東京高判平25・4・25労経速2177号16頁）では，非協調的な言動により他の従業員に反感ないし不信感が生じているとして，時間外手当の支払いを求めて訴訟を提起していた労働者を被解雇者に選定した。同判決は，「企業の存続と従業員の雇用の継続を優先して権利主張を自ら抑制した他の従業員……が上記のような［被解雇者ら］の行動をどのように受け止めていたかということについては，自ずから別の問題というべきである」として，人選基準の合理性を是認している。本件には労働者の正当な権利行使に対する報復という問題も含まれているが，その点は措くとしても，「嫌悪」の存在について何ら疎明や特定がなされていない以上は，やはり具体的な基準とは言い難い。

8）　タジマヤ（解雇）事件・大阪地判平11・12・8労判777号25頁は，「いかなる基準で……被解雇者に選定されたか不明であって解雇者選定の妥当性も認め難い」として，人選基準の合理性を否定している。

9）　かかる基準について，日本通信事件・東京地判平24・2・29労経速2141号9頁は，「極めて抽象的な整理基準」であり「可能な限り具体化・客観化するための努力をした形跡はうかがわれない」として合理性を否定した。

(2) 客観性が疑わしい基準　　人事評価によって被解雇者を選定することは，形式的には客観性が担保されているようにも思われるが，基準の設定次第では極めて主観的な人選が行われる危険性も孕んでいる[10]。各種自動車等の有償貸渡事業を行う使用者が整理解雇を行った事案では，「協力度」と「貢献度」という基準が用いられたが，その内実は，どのような態度で仕事に応じるかという主観的な側面が多々含まれていたことから，「整理解雇に当たって採用した基準及びその適用には，客観的・合理的理由を見い出し難く，整理解雇の人選に合理性があるとの疎明は未だされていない」との結論に至った[11]。

　次に，ある部門や職務全体が削減の対象となった場合，当該部門・職務に属している労働者が人選対象となることは客観的といえるのだろうか。廃止される予定の部門で労務を提供していた労働者を人選したとしても，「社員の配属は雇用主……の指定によって決定されること等を踏まえれば，従業員側からいえば，解雇あるいは雇止めの対象とされるかどうかは偶然的な要素で決定されたものであって，人選の基準として公正さを欠くものであった。」との裁判例もあり，合理性は否定されうる[12]。

(3) 「客観的」・「具体的」な「業務上の必要性」　　このように，人選基準に求められる合理性は，より具体的で，かつ客観性が高いほど認められる傾向にあるが，単に客観的・具体的な基準が求められるわけではない。一例を挙げると，「抽選」による人選は客観的で具体的な基準ともいえなくはないが[13]，むし

---

10)　西谷敏『労働法〔第2版〕』（日本評論社，2013年）418頁は，「使用者による能力・成果の評価は必ずしも適正とは限らないし，［労働者に帰責性がない］整理解雇の性質からいって，企業貢献度を重視することには問題がある」と指摘する。

11)　コマキ事件・東京地決平18・1・13判時1935号168頁。

12)　高嶺清掃事件・東京地判平21・9・30労経速2058号30頁。同様に，イギリスの親会社からの収入減少を理由に5つの職務を廃止し，現に従事していた5名の従業員を被解雇者とした，ロイズ・ジャパン事件・東京地判平25・9・11 TKC文献番号25501768でも，「たとえ削減対象とする職務……を選定したことに客観的合理性があったとしても，本件5職務に現に従事していたこと」を基準とする人選に合理性があるものとは認められないと結論づけた。これらの基準は，解雇回避努力義務とも重なることがある。

13)　整理解雇法理が確立される前の裁判例だが，日立製作所事件・福岡地小倉支決昭25・8・17労民集1巻4号589頁は，「例えば抽籤の方法によつても敢て不可はない訳である」と明言していた。

シンポジウム（報告④）

ろ何らの基準も存在しないことと同義であると看做されよう。

　すなわち，人選基準における具体性・客観性とは，あくまで業務上の必要性に関わる基準であることが求められるのであり，就労可能性がある当該業務との関係で，人選基準が客観的・合理的かを判断しなければならない。淀川海運事件・前掲でも，被解雇者となった労働者は協調性が欠如しているとの事実認定がなされ，「適正な業務運営にも支障が生じる事態に至っていたか」否かが争点となったが，その事実が具体的な職務遂行への支障に繋がることを示すような明確な証拠は示されていない。当該基準に業務上の必要性が認められない限りは，人選基準として積極的に用いられるべきではなかろう。

　この点，H. R. Tech. を用いた被解雇者の選定は，どのように位置づけられるべきであろうか。AI による人選は，人間の主観を排除しているという意味では，極めて客観的であるともいえる。また，過去の業務遂行に関わる膨大なデータから，一定のアルゴリズムによって導かれる結論には，客観的な業務上の必要性が認められるといえなくはない。他方で，一般人には理解できないような複雑な手法が用いられるような場合が多く，具体的な基準として機能しているか否かについての，直接的な司法審査は困難となる。そのため，次に述べる第 3 の基軸との関係が，最も大きな焦点とならざるを得ない。

Ⅲ　人選基準に求められる指標

1　「社会的相当性」──第 3 の基軸

　業務上の必要性との関係において，いかに客観的・合理的な基準であっても，雇用平等法理との関係において，すなわち現行法規で明文により定められてい

---

14)　同地裁判決（東京地判平23・9・6労経速2177号22頁）は，「仮に何らかの軋轢があったとしても，それが具体的な業務への支障につながることを示す証拠は何もない。また，［訴訟の提起は］，裁判所に正当なものと認められている以上，……少なくともそれに対し中立的な態度を採るべきであるにもかかわらず，他の従業員の反感，不満のみを重視し，［当該労働者］のみを非協調的であると評価するのは，結局のところ，訴訟提起自体を非難の対象とするのと変わりはないというべきである」として人選基準の合理性を否定しており，判旨・結論ともに賛同できる。

る差別禁止事由は，当然ながら用いることができない。かつては「既婚女子」といった性差別的な人選基準を許容する裁判例も存在したが，現在では雇均6条4号に反する基準として合理性を否定される[15][16]。

　H. R. Tech. との関係では，これまで日本で法的紛争として顕在化することは稀であった間接差別の該当性が，AIなどを用いた人選に対して厳しく問われるべきであろう[17]。なぜならば，AIは，程度の差こそあれ，過去の膨大なデータを利用することで結果を導き出すことから，従来から行われてきた差別的な人事慣行をも温存してしまう，すなわち間接差別を生み出してしまうのではないかとの懸念を拭い去ることができないからである。差別の意図が不要であることが間接差別法理の大きな特徴であり，旧来的な意味での「意図」が存在しないAIによる人選の合理性審査に対して，これほど適合的な法理はない。

　次に，学説では，特定の人選基準については合理性を否定すべきであるとの立場も有力に主張されている。たとえば，ドイツ法の比較法研究による知見を踏まえ，整理解雇の人選基準についても「社会的観点」を導入し，社会的に保護すべき者を類型化することを主張し，かかる観点から傷病基準などを用いることに疑問を呈する見解[18]，あるいは，選定基準の合理性のなかには「社会的配慮」が含まれるとした上で，転職のしやすい労働者，より不利益の少ない労働者といった具体的基準を挙げ，人選後も「個別的解雇回避義務」の履行を求める見解などである[19]。

　これらの考え方は，生存権や勤労権の保障という社会権保障を基盤とするも

---

15) 古河鉱業高崎工場事件・最一小判昭52・12・15労経速968号9頁など。

16) 「50歳以上の女性」という基準は「およそ合理的であるとはいえない」とする，メイコー（仮処分）事件・甲府地決平21・5・21労判985号5頁など。

17) 現行の雇用機会均等法7条は，省令で定める3類型に限定しているが，将来的にはより一般的な法理へと拡大すべきであろう。柳澤武「雇用平等法の形成と展開」『講座　労働法の再生(4)』（日本評論社，2017年）117頁。

18) 高橋賢司『解雇の研究』（法律文化社，2011年）256頁は，「疾病による欠勤を除いた欠勤率算定による被解雇者の選択，年齢別にグループを分けた上での各グループからの被解雇者の選択」という具体例を示している。

19) 川口美貴「解雇規制と経営上の理由による解雇」野田進ほか編著『解雇と退職の法務』（商事法務，2012年）234頁。

シンポジウム（報告④）

ので，被解雇者の個別事情への配慮を求めることになる。整理解雇は，労働者側に帰責性がない労働契約終了であることから，できるだけ「労働者側の事情」を考慮することが求められるとのスタンスは首肯でき，実際，整理解雇の裁判例においても，労働者の個別事情にも配慮した人選基準を求めるものが散見される。

　しかしながら，労働者の個別事情を過度に重視することもまた，人選基準の「基準」たる意義を没却してしまいかねない。具体例を挙げると，当該個人が解雇されても直ちには生活に困らないほどの金融資産を保有している場合に，大村野上事件（長崎地大村支判昭50・12・24労判242号14頁）が整理解雇法理を確立するに際して述べたような，「賃金のみによって生存を維持している労働者およびその家族の生活を根底から破壊」しないとしても，かかる個別事情を積極的な人選基準として用いることについての合理性は，今現在においては認め難いであろう。

　さらに，解雇規制の根拠として人格的利益の保護を強調する立場からは，労働者の自己決定に関わるような属性を理由とする解雇，あるいは，人格的利益に関わるような「属性」を理由とする解雇は制限されることになり，基準の合理性が認められがたいとの帰結に至る。整理解雇における人選基準の場合にも，このような解雇権濫用法理の理論的基盤に照らすと，より一層，人格的利益の保護という意味においての社会的相当性が求められることになる。敷衍するならば，基準として用いる労働者の属性について，より広く社会的相当性という観点からの判断が要請されることになる。以下では，具体例として，３つの属性について検証する。

　まず，単身者（≠扶養義務がない者）を解雇の選定基準とすることの社会的相当性は，かつては認められる傾向にあったが[20]，ライフスタイルの多様化により，現在では基準としての合理性は認め難くなってきている。諸外国をみても，かつてのドイツでは，共働きであることや，個人の金融資産の有無についても，被解雇者の人選基準において考慮される傾向にあったが，現在では，それらを

---

20)　代表例として，前掲注15)古河鉱業高崎工場事件。

社会的選択基準として積極的に用いることはできない。また，アメリカの州法，たとえばカリフォルニア州やニュージャージー州などを含む半数近くの州では，1970年頃から立法が相次ぎ，婚姻制度上の地位，つまり既婚か未婚かを理由とする雇用差別が禁止されるようになったため，やはり人選基準として用いることはできなくなっている[21]。

　次に，病気休職者を被解雇者の選定基準とすることについては，近年の裁判例である日本航空（客室乗務員・大阪）事件（大阪高判平28・3・24 TKC 文献番号25542733）は，病気休職により労務の提供ができない期間が過去にあったとの事実を重視し，人選基準としての合理性を認めた。しかしながら，単なる欠勤と，病気休職との間には，根本的な違いが存在しているのであり，両者を混同するかのような判旨には疑問である。そもそも，病気休職は使用者自身が制度として認められているのであり，たとえ法定外の制度であっても，病気休職を認めた労働者を積極的に被解雇者と選定することは，解雇権濫用法理に照らして無効と解すべきであろう[22]。あるいは，病気休職が命令としてなされていた場合には，禁反言の原則にも抵触しかねない。仮に，病気休職を理由とした整理解雇の人選が広く認められるのであれば，病気休職制度は画餅となってしまう。病気休職の取得を整理解雇の人選基準として用いることは，社会的相当性の観点から合理性が認め難いといわざるを得ない。

　最後に，年齢基準については，人選基準としての年齢は，まだ整理解雇法理も完全には確立していなかった1970年代半ば頃から合理性が争われて続けており，裁判例は年齢基準自体の合理性を一貫して認めている[23]。他方で，年齢が被解雇者に与える影響を考慮して，結論としての合理性を否定する裁判例も少なくない。その代表例であるフジ製版事件（東京地判平26・7・25 TKC 文献番号25504462）では，45歳以上という年齢基準について，「年齢による基準の設定そ

---

21)　ドイツの状況は，高橋・前掲注18)書93頁以下など。カリフォルニア州について，The California Fair Employment and Housing Act（Cal. Gov. Code § 12940(a)）参照。

22)　野田進「『休暇』概念の法的意義と休暇政策」労研625号（2012年）28頁。

23)　近年までの裁判例の分析として，渡邉絹子「整理解雇における年齢基準の合理性判断」東海法学48号（2014年）25頁，柳澤・前掲注5）論文786頁。

シンポジウム（報告④）

のものに不合理性は認められない」としながらも，「再就職の容易さには自ずと差異があり得ることを考慮すべきで……何らの補償措置も想定せずに45歳以上という高年齢層の従業員を被解雇者に選定したことは，すなわち，年齢基準そのものの合理性は否定されないものの（＝差別に該当しない），特定の状況下で人選基準として用いる場合の合理性（＝すなわち社会的相当性）は認められにくいとの理解が妥当であろう。

2　複合的な指標の構築

これまでの議論をふまえると，整理解雇の人選基準の合理性を判断するに際しての指標は，3つの基軸によって構成されることになる（**図1参照**）。[24]

第1に，抽象的な基準は「基準」たる意義が失われているため，「具体的」な基準が求められることは当然の前提として，具体的な「業務上の必要性」存在するか否かが問われなければならない。この基軸は，最も影響力が強い判断基準として位置づけられ，右側に行くほど合理性が高いとの指標が形成される（右方向のライン）。抽選などの方法は，業務上の必要性と関連がないので，その意味で具体性に欠けるということができる。また，単に「非採算部門」に所属する労働者であるとか，協力度や他従業員からの嫌悪といった基準は，やはり具体的とは言いがたい。

第2に，人選基準には，「客観的」な業務上の必要性が求められる。「当該職務の廃止」という基準については，職種が限定されていな労働者が偶然に現在の職務についているような場合，当該職務が消滅するとしても，客観的に業務上の必要性があったとは認められないことになる（破線で囲んだ白抜き矢印を下方向へ）。他方で，職種限定の労働者で当該職務が廃止されるなど，客観的な業務上の必要性による選択が行われた場合には，客観性が認められることになる（破線で囲んだ白抜き矢印を上方向へ→合理性が認められやすくなる）。換言すると，対象となった労働者の職務が特定されているのであれば，当該職務の廃止についての客観性は推定され，結論としての合理性が認められやすいことになる。

---

24)　当然ながら，人選基準の「適用」自体の公平性についても，他の労働者との比較考量という観点から厳格な判断が求められる。

図1 合理性判断の指標

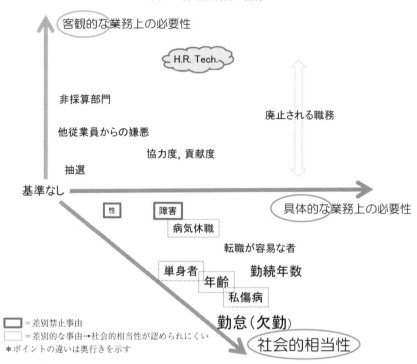

　第3に，人選に際して労働者の個別的な属性への配慮がなされたかという意味での「社会的相当性」が求められる（手前方向のライン）。まず，差別別禁止事由に該当しないことは当然だが，たとえ差別禁止事由に該当しなくとも，先述のような差別的な属性や事由を用いた人選については，当該基準を用いた人選結果についての社会的相当性が厳しく問われる（＝合理性が認められにくい）。それ以外の基準，たとえば純然たる勤怠を基準とするならば，社会的相当性は認められやすい方向に傾く。

　最後の課題はH. R. Tech.による被解雇者の選定を，いかに位置づけるかである。アルゴリズムによる人選は，人間の主観が入っていないという点では客観的といえるかもしれない。そして，基準が具体的か否かについては，ディープラーニングなど複雑化しつつある手法により，審査することが非常に困難と

シンポジウム（報告④）

なっている。そこで，AI による人選においては，第 3 の軸との関係が焦点とならざるを得ない。H. R. Tech. の活用自体が，「差別的な事由」には該当しないとしても，人選の結果についての社会的相当性については，これまでの間接差別の該当性とは異なる角度から，改めて問われるべきであろう。たとえば，被解雇者として障がい者を選ぶ傾向になっていないかどうかは，現在のところ間接差別による規制はなされていないが，少なくとも整理解雇法理の人選基準においては，この社会的相当性という観点からの審査が求められるべきである。

　このような人選基準の課題は，整理解雇の場面に限定されるものではない。次章では，解雇の代替的処遇と整理解雇法理との関係に着目し，経営上の理由により，労働者を企業から排除するために用いられる処遇に対して，どのように整理解雇法理が用いられてきたのか，あるいは用いられるべきかを検討する。

IV　整理解雇の代替的処遇における人選基準法理

1　出向法理

　形式的には出向命令であっても，その動機と態様如何によっては，整理解雇の法理が全面的に適用されうる。その代表例である大阪造船解雇事件（大阪地決平 1・6・27労判545号15頁）は，ほぼ全員の労働者を退職に追い込んだ遠隔地への出向命令について，当該事実関係を整理解雇の 4 要件により審査した。同事件では，出向命令の結果，大阪から長崎への出向の内示を受けた95名のうち93名は退職，1 名だけ長崎の大島へ出向したが半年後には退職，そして残り 1 名である本件原告が出向命令を拒否して解雇された。かかる事実関係の下で，本判決は「本件出向命令の拒否を理由とする解雇の効力を判断するにあたっては，出向命令の拒否という業務命令違反が解雇の正当な理由たりうるかという観点からみるのではなく，整理解雇の法理に照らして，解雇が有効かどうかを判断すべきことになる」と判断した。すなわち，出向命令自体を整理解雇と読み替えているわけではなく，いわば偽装出向に対して，整理解雇法理を全面的に適用した裁判例と位置づけることができる。その上で，人選基準については，「被解雇者の選定基準を設定したことは認められないから，この要件を充足し

62　　日本労働法学会誌131号（2018.5）

ないことは明らかである」として，解雇権の濫用として無効であると結論づけた（＝偽装出向に対する整理解雇法理の全面適用）。

次に，このような偽装出向ともいうべき例外的なケースでなければ，出向法理（労契14条）は，出向労働者の人選基準の合理性が求められ，かつ同条違反の効果として権利濫用が導かれる点で，整理解雇法理と何ら変わりがないようにもみえる。しかしながら，業務縮小のために行う出向命令（業務縮小型出向）の権利濫用法理では，ローテーション人事などにおける出向命令権の濫用判断とは異なる観点からの審査が求められる。その一例として，リコー事件（東京地判平25・11・12労判1085号19頁）では，「余剰人員の人選が，基準の合理性，過程の透明性，人選作業の慎重さや緻密さに欠けていたことは否めない」と述べており，出向者の人選基準について，より厳格な審査が行われるべきことを示唆している。業務縮小型出向については，その出向目的の違いにより，整理解雇法理における人選基準に相当するような審査が求められるべきであり，この判示部分は妥当であろう（＝業務縮小型出向に対する整理解雇法理の部分的適用）。

2　指名退職勧奨

指名退職勧奨は，あくまで退職勧奨を受けた当該労働者の自発的な退職意思の形成により退職に至るとみることもでき，かつ，通常は整理解雇の４要件のうち解雇回避措置の一環として位置づけられるため，指名の人選に対して何らの基準も求められてこなかった。[25] しかしながら，退職勧奨の類型については，表1のように，様々なタイプが存在するため，制度の名称のみにとらわれることなく，どのような目的と実態の下でおこなわれたかを分析する必要がある。これらのうち，一番下の類型である，被解雇者を指名し，停止条件付の解雇通知を伴うような指名退職勧奨については，人員削減の緊急性が高い場合が多く，かつ労働者側のイニチアチブは皆無ともいえる。このようなタイプの，業務の再編成・縮小を理由とする指名退職勧奨については，上記の観点から，整理解

---

25)　根本到「解雇規制と立法政策」西谷敏ほか編『転換期労働法の課題』（旬報社，2003年）284頁は，かかる構造を疑問視し，「整理解雇の審査にさいしては，解雇回避措置（たとえば配転や希望退職の募集）を受けた労働者の人選基準も問題にしうる」と指摘している。

シンポジウム（報告④）

表1 指名退職勧奨の構造

退職勧奨の タイプ	指 名	勧 奨	停止条件付の 解雇通知
転職支援制度	×	△	×
早期退職優遇制度	×	○	×
退職勧奨	△	○	×
退職勧奨＋退職優遇制度	△	○	△
指名退職勧奨	○	○	○

雇の代替的処遇として把握することが可能である。すでに学説上は，経済的事由による雇用調整としてなされる合意解約（指名退職勧奨）に対して，整理解雇法理を部分的に適用すべしとの見解も示されている（指名退職勧奨下の合意解約に対する整理解雇法理の部分的類推適用[26]）。かかる立場からは，人選基準の合理性が否定された場合には，労働者は退職しなければ解雇される蓋然性が高いとの誤信によって退職の意思表示を行ったことになり，要素に錯誤があったとして当該の意思表示が無効と解される（民法95条）。少なくとも上記のような類型の指名退職勧奨については，当該解約の責任が使用者にあり，かつ，使用者の主導（initiative）でなされるという点からも，人選基準の合理性が求められるべきであろう。

3 変更解約告知

変更解約告知の場合，理論的には，労働条件の変更には応じないという労働者のイニシアチブによって被解雇者が選定される構造であるため，たとえ整理解雇の代替的処遇として行われる場合であっても，人選基準の合理性は問われない傾向にある[27]。しかしながら，表見的には変更解約告知の形式を用いつつも，変更解約告知の諾否に関わらず一定人数を解雇するなど，実態としては整理解

---

26) 野田進「雇用調整方式とその法的対応」根本到ほか編『労働法と現代法の理論（下）』（日本評論社，2013年）337頁。

27) 著名なスカンジナビア航空事件・東京地決平7・4・13労判675号13頁では，変更解約告知と整理解雇の双方が争われ，両法理が別個に判断された点が対照的である。

雇と何ら異ならないような場合（これを偽装変更解約告知と呼ぶ）には，整理解雇法理を適用すべきであろう。その際に，人選基準を示さないまま被解雇者を選定するのであれば，論理的な帰結として，紛争当事者全員の解雇を無効と解するほかなく，実際の裁判例においても，そのような結論が導かれている（＝偽装変更解約告知に対する整理解雇法理の全面適用）。[28]

4 小 括

一部の裁判例では，意識的にせよ，無意識的にせよ，すでに整理解雇法理を解雇の代替処遇にまで適用しており，その背景には業務の再編成（Restructuring）や縮小（Downsizing）を理由とする企業組織からの排除策という構造的な共通項を見出すことができる。大阪造船解雇事件・前掲は，整理解雇を「労働者にとって企業から放逐されるにつき何ら責められるべき事情がない」ものであると把握することで，本来は異なる法理が適用されるべき出向，ひいては出向命令拒否という業務命令違反に対して，整理解雇法理を適用するための論拠を導いたのである。

かかる観点に着目する先行研究は，1980年代末頃からなされており，とりわけ整理解雇法理の妥当領域を限界づけるものであるとの指摘や，整理解雇的な出向慣行の拡大への憂慮が示されていたことは注目に値する[29]。21世紀になると，包括的・歴史的な研究や契約法理への影響にまで及びつつ[30]，企業と解雇法理との関係性も探究されるようになった。これらは，解雇権濫用法理のみによる規制の限界を浮き彫りにするものであり，解雇の代替的処遇に対する理論的な対

---

28) 関西金属工業事件・大阪高判平19・5・17労判943号5頁。これを準変更解約告知と呼ぶ見解もある。大阪労働衛生センター第1病院事件・大阪地判平10・8・31労判751号38頁も「本件解雇の意思表示が使用者の経済的必要性を主とするものである以上，その実質は整理解雇にほかならないのであるから，整理解雇と同様の厳格な要件が必要であると解される」と判示した。

29) 盛誠吾「労働法学と企業概念」労旬1238号（1990年）20頁，脇田滋「公的規制の対象としての『企業』の概念」同32頁。

30) 本学会報告に限っても，日本労働法学会誌97号（2001年）118頁以下の「企業組織と労働法」各論考，三井正信「企業の社会的権力コントロールと労働契約法」同107号（2006年）34頁など。

シンポジウム（報告④）

抗軸として位置づけられる[31]。整理解雇の代替的処遇における人選法理の適用を導く理論的な根拠としても，企業という視点が注目される[32]。

V　おわりに——課題と展望

　日本では，雇用平等法による規制，つまり差別禁止事由に該当する属性が乏しいため，人選基準の合理性，とりわけ社会的相当性の判断が果たす役割は，欧米諸国に比べると大きくならざるを得ない。雇用平等法と人選基準における社会的相当性の関係は，純理論的には前者が後者を外在的に規制することになるが，整理解雇法理において特定の属性について社会的相当性が認めがたいとの判断が積み重ねられることにより，新たな雇用平等法理を形成するドライブにもなる。たとえば「傷病」を理由とする取扱いは，今現在，障害に該当するような傷病についてのみ差別禁止の対象となっているが，今後は傷病に対する差別の問題としても捉えられるかもしれない。権利濫用法理の一環としての整理解雇法理における人選基準と雇用平等法は，両者の相互作用によって，より一層の発展を期待できるのである。

　また，業務の再編成や縮小を理由とする雇用終了の場面において，整理解雇法理が求めている4要件（要素）自体は，多くの国々の整理解雇に該当する法制度と比べても，それなりにバランスの取れたフレームワークであり，理論的にも，社会的にもコンセンサスが得られてきた。さればこそ，解雇の代替的処遇においても，幅広く活用され，あるいは活用が試みられてきたのであり，今なお雇用終了の多くの場面に影響を与え続けている[33]。他方で，4要件の一つで

---

31)　野田進「解雇法理における『企業』」法政研究67巻4号（2001年）1頁。整理解雇法理が適用される範囲の拡大を提唱するものとして，和田肇「整理解雇法理の見直しは必要か」季労196号（2001年）12頁など。

32)　本稿の主張と直接結びつくわけではないが，近年の論考として矢野昌浩「労働契約における企業論」『講座労働法の再生（2）』（日本評論社，2017年）248頁。また，水谷英夫『新リストラと労働法』（日本加除出版，2015年）76頁は，企業濫用型リストラや企業内在型リストラとの概念を用い，整理解雇の代替処遇を分析する。

33)　整理解雇の代替的処遇には，本稿で示した類型のほか，企業組織の変動，継続雇用制度における排除なども考えられるが，これらについては今後の課題としたい。

ある人選基準の合理性については，裁判例やあっせんの状況で示したように，「基準なき基準」の弊害が徐々に顕在化してきている。とりわけ近年台頭しているH. R. Tech.やビッグデータを用いた人選を審査するためには——たとえ本稿が示した指標には賛同できないとしても——人選基準の合理性を明確にすべきとの要請自体は否定し難いのではないだろうか。このテクノロジーの導入により，法律学的見地からは合理性を認めがたい被解雇者選定を招きかねないことや，新たな形態の労働紛争が生じうることは，広く認識されるべきであろう。[34]

　　[付記]　本稿は，科学研究費補助金・基盤研究(C)課題番号17K03416による研究成果の一部である。

（やなぎさわ　たけし）

---

34)　ビッグデータの活用における間接差別（差別的インパクト法理）の重要性に言及する文献として，FEDERAL TRADE COMMISSION, BIG DATA: A TOOL FOR INCLUSION OR EXCLUSION？19 (FTC REPORT 2016) などがある。

解雇過程における使用者の説明・協議義務

——労使対話を重視した手続規制に関する試論——

所　　浩　代

（福岡大学）

I　問題の所在

　21世紀に入り，情報通信技術は予想以上に発展し，人々のライフスタイルは大きく変化した。情報の流れが複雑になるにつれて人々の嗜好は多様化し，企業間の競争は世界規模で激化している。こうした世界の動きに呼応して，日本の職場の業務スタイルも変化し，労働者に求められる能力もより複雑で高度なものになっている。

　経営者の多くは，業務スタイルの刷新を迅速かつ円滑に進めるために，組織の見直しに着手し，労働力の適正配置に神経を尖らせている[1]。多くの職場では，労働者の能力や適性といった属人的要素が，各人の人事処遇や労働条件の設定に強く影響するようになり，職場の変化に対応できない労働者が，能力不足や成績の不良を理由として雇用を打ち切られる例も目立つようになってきた[2]。

　もっともこの状況を労働者の側からみるならば，労働者の多くは，職場の方針にしたがって日々制約の中で労働しているのであり，自分の能力や適性が最

---

1 ）　低成果労働者に対する日本・フランス・韓国の法的対応を比較したものに，野田進「『低成果労働者』の雇用をめぐる法的対応」季労255号（2016年）2頁。

2 ）　平成23年以降の労働者の低成果を理由とする解雇訴訟の状況を分析したものに，山下昇「低成果労働者の解雇に関する最近の裁判例の動向」季労255号（2016年）15頁，それ以前については，山下昇「労働者の適格性欠如と規律違反行為を理由とする解雇」野田進＝野川忍＝柳澤武＝山下昇編『解雇と退職の法務』（商事法務，2012年）177頁。解雇や退職勧奨の態様の違法性を指摘する論考として，棗一郎「最近の解雇・退職などをめぐる労働問題—追出し部屋事件，PIP解雇事件など」季労242号（2013年）14頁。

大限に発揮できる環境が常に与えられる訳ではない。また，雇用継続の可否を左右する能力評価についても，法的には客観的で公平なものが要求されているが，現実にはそのような公正な評価が常に担保されるものでもない[3]。また後に検討するように，日本の労働法制においては，労働者が使用者に対して自己の職責や能力評価等について説明を求める仕組みが確立しておらず，使用者が行った人事評価の適否を職場全体でチェックする制度（労使協議制等）も整備されていない。

このような状況を考えると，これまでは労働者の能力不足や成績の不良といった問題は（以下，能力不足と成績不良を合わせて「勤務不良」とする），基本的には労働者の側に責任がある問題と捉えられてきたが，この種の解雇の適否を考えるに当たっては，労働者の勤務状況の悪さだけではなく，そのような結果が生じるに至ったプロセスにも十分目を配る必要がある。労働は意思や感情のある人間が行う活動の一つであるから，労働者の内面の変化は，行動の変化へとつながっていくものである。したがってこの種の例では，使用者が労働者に対して勤務に関する問題があることを丁寧に説明し，本人からの弁明も聞いた上で問題の解消に向けた方策を両者の間で話し合うという対話プロセスが重要であり，法整備もそのような労使対話が促進される方向で進められるべきと考える[4]。

ところが現行の解雇法理をみると，整理解雇については解雇に至る過程における労働者本人に対する使用者の説明や協議が解雇の濫用性判断の定型要素として確立しているが[5]，それ以外の類型では労使対話の保障という問題意識が浸透していないため，使用者による労働者本人に対する説明義務や協議義務の法

3）　解雇と能力評価の問題については，井村真己「日本企業の解雇の場面における『能力』評価の合理性について」労研650号（2014年）6頁。

4）　当事者協議を解雇全般における有効要件とすべきとする説に，大内伸哉「解雇法制の"pro veritate"（2004）」大竹文雄＝大内伸哉＝山川隆一編『解雇法制を考える・法学と経済学の視点〔増補版〕』（勁草書房，2004年）241頁，257頁。

5）　整理解雇における説明・協議義務については，道幸哲也「整理過程論の試み」労旬1502号（2001年）53頁，加藤真紀「協議説明論」労旬1502号（2001年）48頁，岡村優希「集団的整理解雇の局面における手続的規制の在り方」季労256号（2017年）163頁。

シンポジウム（報告⑤）

的位置づけが曖昧になっている。また，労働者本人と使用者との対話（以下，「個別的労使対話」とする）には，情報量や交渉力に関する格差という課題があり，そのような課題を緩和し対話を有益なものとするためには，労働組合（以下，「組合」とする）や従業員代表等の労働者集団による外側からの支援（具体的には，団交や労使委員会における集団的協議）が重要と思われる。しかしそのような組合等と使用者との集団的対話（以下，「集団的労使対話」とする）の意義は，労働契約法の次元ではこれまであまり注目されてこなかった。

そこで本稿では，解雇過程における上記2つの「労使対話」の重要性に着目して現行法理の問題を指摘し，解雇における手続的規範の提示を試みる。なお「労使対話」という視点は，他の雇用終了事案，たとえば私傷病を理由とする退職の場面等でも重要となるが，本稿では勤務不良を理由とする解雇に絞って適正手続の具体的構想を示すことにし，それ以外の雇用終了類型を含んだ全体の手続規制については稿を改めることにしたい。

なお労使間の意思疎通については，「説明」「弁明」「予告」「通告」「協議」等の多くの用語があるが，本稿では「労働者個人または労働者集団と使用者が相互理解や共通認識の確立を目指して，双方で情報や意見を交換する意思疎通プロセス」のすべてを「労使対話」という言葉で表現する[6]。

Ⅱ　現行法における手続規制

まずは労使対話の保障という視点から現行法制を概観し，問題点を指摘する。

1　労働基準法

労使対話という視点から解雇手続に関する法規制をみると，労基法では次の5つの義務がその契機となり得る。①労働条件（退職事由）の書面による明示（15条1項），②就業規則における退職事由の記載と労働者への周知（89条3号，

6）　本稿では，「説明」＝事柄の内容や意味を相手が理解できるように解き明かす行為，「協議」＝当事者・関係者が集まり問題を解決するために意見交換する行為と理解し，両者を含めた当事者間の意思疎通プロセスを，「労使対話」と表現している。

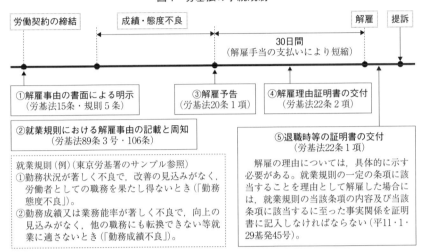

図1 労基法の手続規制

106条1項),③労働者に対する解雇予告制度(20条1項),④解雇理由証明書の交付(解雇予告日から退職日の間)(22条2項),⑤退職事由証明書の交付(22条1項)である。(図1参照。④と⑤は労働者が請求した場合のみ)。

まず労働契約締結時における①と②の手続は,使用者から労働者に対する解雇権行使の条件についての情報提供であり,解雇権の行使に関する抽象的な警告という意義を有している。また労働者からみれば,事前に告げられた解雇権行使の条件は解雇を回避するための具体的な行動指針として役立つ。もっとも下級審裁判例には,就業規則の解雇理由を労働者に周知していなくてもその手続違反は解雇の効力を左右しないと述べたものがあり,労契法の次元ではこの労基法上の情報提供手続の意義が充分に考慮されていない。

---

7) 教育能力の低さを理由に,有期契約の期間途中で解雇された教員が,当該解雇の有効性を争った学校法人プール学院事件・大阪地判平27・3・27労判ジャーナル41号65頁では,労働者側が,就業規則の解雇事由が周知されていなかったとし,その手続的違反を解雇権濫用の根拠としたが,裁判所は,有期契約における普通解雇の解雇権は民法628条に根拠を有するから,懲戒解雇のように就業規則等の根拠を有するものではなく,本件の労働者の解雇理由は,就業規則の規定を待つまでもなく,労働契約上の労務提供義務の不完全履行に該当するものであるから法令違反の主張は当該解雇の効力を左右しないと判断した。

シンポジウム（報告⑤）

　つぎに雇用終了に係る手続をみると，③の手続には，使用者に労働者に対する30日前の解雇予告を義務づけ，労働者に不測の解雇による打撃を回避させるという意義が認められる。ただし現行の制度では，使用者は所定の予告手当を払うことにより予告期間の日数を短縮することができるため，使用者が所定の手当額を労働者に支払えば，予告期間を 0 日にすることもできる。さらに条文上は，解雇予告時に解雇理由を労働者本人に直接説明することまでは求められていないため[8]，使用者は書面の交付により予告手続を終了させることもできる。また判例法理では，解雇予告を行わずになされた解雇は，使用者が即時解雇に固執していない限り解雇通告から30日を経過した時点か解雇予告手当を支払った時点で有効となるとされている[9]。そのため現行の予告制度は，労使対話の契機にはなり得ても，使用者の説明義務を担保するものとして機能していない。

　さいごに④（解雇理由証明書の交付）と⑤（退職事由証明書の交付）の手続をみると，使用者が労働者に当該書面を交付した場合には，書面の記載によって労働者の雇用終了の理由が明示されるため，労使間で雇用終了理由の認識がずれるという問題の解消に役立つ。またその後に，雇用の解消をめぐって紛争が起きた場合には，④や⑤の書面で明示された終了事由が客観的な資料となって使用者を拘束する[10]。もっとも，これらの書面交付義務の不履行は，解雇権行使の適否との関係においてはあまり重視されていない[11]。下級審裁判例には，使用者が解雇時に解雇理由を明らかにしなくとも，その対応自体が解雇権行使の効力

---

8 ）　日本 IBM（第 2 ・原告 2 名）事件・東京地判平28・ 3 ・28労経速2287号 3 頁では，労働者側から解雇通告時に解雇の具体的な理由を説明せず，短い期間（ 6 日以内）に自主退職を選択すれば退職金を上乗せするとして退職勧奨をしたという解雇態様に違法性があるとの主張がなされたが，裁判所は「使用者に解雇理由証明書を交付する義務があるとしても解雇の意思表示の時点で解雇理由の具体的な詳細を伝えることまでは要求されていない」として不法行為の成立を否定した。

9 ）　細谷服装事件・最二小判昭35・ 3 ・11民集14巻 3 号403頁，予告義務違反の解雇の有効性に関するこれまでの学説の状況は，高橋賢司「解雇の規制」『講座労働法の再生　第 2 巻　労働契約の理論』（日本評論社，2017年）296頁，解雇予告義務違反の解雇の効力を分析したものに，藤沢攻「解雇予告制度の一考察―労基法20条違反の解雇をめぐる裁判例の検討」盛岡大学短期大学部紀要第 2 巻（1992年）143頁。

10）　中窪裕也「解雇の法規制」野田ほか編・前掲注 2 ）書30頁。

に影響することはないとして解雇を有効と判断するものがある[12]。

2 労働組合法

(1) **使用者の団交応諾義務と誠実交渉義務**　組合には団体交渉権が保障されているから，たとえば，組合員が使用者から勤務成績や勤務態度に関して注意や指導を受けた場合には，その組合員の意向を受けて使用者に団交を申込み，注意や指導に至った経緯，勤務成績や勤務態度の評価がどのようになされたのか，PIP（業務改善プログラム）等の特別研修の受講が求められている場合には，その必要性や講習内容等について具体的な説明を求めることができる。また，解雇通告がなされた場合には，解雇の具体的な理由について開示するように交渉することができるし，解雇回避措置の実施や解雇通告の撤回などについても協議することができる[13]。

このようにみると，個別の組合員の雇用終了をめぐって行われる団交は，当該組合員のその後の処遇にも強い影響を与えるものである。組合員は，個別的対話と並行する形でそのような集団的対話からも必要な情報を得ることができ，また，個別的対話では十分協議し得なかった事項についても，労働組合の集団的な力を借りて改めて使用者と協議することができる。

しかしながら勤務不良の例では，整理解雇とは異なり，使用者が組合からの団交の申入れに対しどのような対応をとったかという点（団交応諾義務違反・誠実交渉義務違反）は，不当労働行為との関係でその違法性が検討されるに留まり，勤務不良を理由とする解雇の濫用性を判断する要素としては用いられてい

---

11)　小宮は懲戒解雇に限らず普通解雇においても，解雇理由の告知が必要とし，訴訟上の解雇理由の追加・変更は認められるべきではないとする。小宮文人『雇用終了の法理』（信山社，2010年）41頁。

12)　トライコー事件・東京地判平26・1・30労判1097号75頁は，労基法20条所定の予告期間を置かない即日解雇の事案で，解雇手当も支払われていなかったが，裁判所は解雇後30日の経過か予告手当の支払いによって解雇の効力は生じるとして，使用者が解雇時に解雇理由が職務遂行の問題であることを速やかに説明しなかったとしても，それは本件における解雇の効力に影響しないと述べている。

13)　組合の紛争予防機能については久本憲夫「個別的労働紛争における労働組合の役割」労研613号（2011年）16頁。

シンポジウム（報告⑤）

ない（この点はIVで詳述する）。

(2)　労働協約における人事協議・同意条項　　協約に人事協議条項や同意条項がある場合には，それは解雇における手続的要件となる。したがって，当該条項がある場合には，使用者は特別な事情がない限り個々の解雇権行使に先立って所定の労使協議を開催しなければならないし，そのような労使協議を行わずして為された解雇は無効となる[14]。このように人事協議・同意条項には，使用者の解雇権行使に対する集団的監視機能という重要な意義があるが[15]，近年では，組合組織率の低下と組合自体の活動の停滞により，このような人事協議・同意条項を保持できる職場が限られ，労使自治に使用者の濫用的解雇の抑止を期待することが難しくなっている[16]。

III　学説の状況

解雇過程における使用者の説明義務や協議義務は，学説においても手続規制の必要性として論じられてきた[17]。これまでの議論のうち労使対話に関わる立法構想を整理してみると，①労働者本人との事前面談制度の創設，②組合や従業員代表等との協議制度の創設，③解雇予告制度の修正の３つになる[18]。

①の事前面談制度についてみると，使用者が解雇の具体的理由を書面に記載

---

14)　大阪フィルハーモニー交響楽団事件・大阪地判平元・６・29労民集40巻２・３号422頁，ただし，組合が協議開催に応じない場合には，協議条項があってもそれなしの解雇が有効と判断されている。池貝鉄工事件・最一小判昭29・１・21民集８巻１号123頁。

15)　人事協議条項の法的性質と意義については，道幸哲也「人事協議・同意条項をめぐる判例法理の展開―昭和50年代の裁判例の検討（一）（二・完）」労判447号（1985年）12頁，同448号（1985年）19頁。

16)　厚労省「労働協約等実態調査」（2011年）によると，組合が組合員の雇用終了に対して関与する態様とその割合は，同意（11.2％），協議（24.9％），意見聴取（9.6％），事前通知（15.7％），事後通知（7.0％），その他の関与（4.6％）であった。厚労省「労使コミュニケーション調査」（2014年）によると，労使協議機関がある割合は40.3％，人事に関する事項が付議された事業所の割合は66.3％であった。

17)　解雇における手続の意義については，道幸哲也「突然の解雇はないよ―解雇過程論」道幸哲也＝小宮文人＝島田陽一『リストラ時代・雇用をめぐる法律問題』（旬報社，1998年）58頁。

し交付する[19]，労働者に付添人の補佐を認める[20]，面談日は呼び出し状の到達から1週間程度あけて設定する（弁明等の準備期間）という内容が提案されている[21]。②の事前協議制度については，協約上の人事協議約款の有無とは別に新たに労使協議制を創設すべきとの案がある。ここでは，過半数組合がある場合にはその組合と過半数組合がない場合には従業員の過半数から選ばれた従業員代表が協議主体となることが想定されている[22]。③の解雇予告については，解雇通告は口頭ではなく具体的理由を記載した書面交付でなされるべきとの意見や[23]，30日という期間設定については，一律の日数ではなく勤続年数等の個別事情を考慮すべきであるとの意見がある[24]。

　これらの手続構想は，もちろん論者によってその内容には差があるが，使用者の説明義務を強化し本人の弁明聴取の機会を担保することで，拙速な解雇を回避するという点でその方向を同じにする。ただ勤務不良を理由とする解雇の過程を考えるとやや不十分な面もある。たとえば事前面談制度については，事前面談の2日後に解雇通告ができるとする案があるが[25]，その場合には労働者は面談日に弁明を伝えることはできても自己の成績や態度を改善して解雇を回避することはできない。また，現行の解雇予告制度には，予告手当の支払いにより解雇期間を短縮できるため，労働者に猶予期間を保障するという役割を果た

---

18)　ILO158号条約・166号勧告に示唆を受けたものが多い。李鋌「解雇の手続的規制」『講座21世紀の労働法　第4巻』（有斐閣，2000年）188頁，島田陽一「解雇規制をめぐる立法論の課題」日本労働法学会誌99号（2002年）74頁，大内・前掲注4）論文241頁，同『解雇改革—日本型雇用の未来を考える』（中央経済社，2013年）180頁。

19)　李・前掲注18）論文189-190頁，島田・前掲注18）論文87頁，土田は，弁明の機会の付与を原則的手続要件とし，解雇権の濫用性判断においてはこの手続を履行しないことを社会通念上の相当性の要件の審査において考慮すべきとする。土田道夫『労働契約法〔第2版〕』（有斐閣，2016年）681頁。

20)　島田・前掲注18）論文87頁。

21)　島田・前掲注18）論文87頁。

22)　李・前掲注18）論文192頁。

23)　島田・前掲注18）論文87頁，大内・前掲注18）書180頁。

24)　李・前掲注18）論文193頁，島田・前掲注18）論文88頁。ただし予告制度が罰則で強制されている最低基準であることから現行の期間でよいとの説もある。大内・前掲注18）書180頁。

25)　島田・前掲注18）論文87頁。

シンポジウム（報告⑤）

していない。この点は解雇予告制度から予告手当の支払いを切り離すことで解消できると思われるが，この点に関する議論はあまりみられない[26]。

Ⅳ　裁判例の状況

　労使対話という視点から，これまでの裁判例の判断枠組みの状況も整理しておきたい。図2と図3は，勤務不良を理由とする解雇の有効性が争われた近時10年間の裁判例を対象に，裁判所が各事案の事実認定において言及した使用者の対応を集めて，時系列に並べたものである[27]。図2は勤務成績不良を理由とする解雇のプロセス，図3は勤務態度不良を理由とする解雇のプロセスである。なおこれらは裁判所が着目した使用者の対応等を網羅的に図式化したもので，これらすべてが各例において濫用性判断の一要素とされた訳ではない。

　図2と図3を踏まえて解雇の濫用性判断における手続的考慮要素を整理すると，勤務成績不良の場合には，①解雇通告前に勤務成績が悪いことを本人に説明したか（図2のA），②本人に適宜注意や指導をしたか（図2のB・C。配転があった場合にはその後の状況（2次的注意・指導）も精査される），③成績不良の改善を指導する際に本人に具体的な目標を提示したか（図2のB・C），④配置転換を検討したか（図2のBとCの間），⑤勤務成績が改善されなければ解雇等の処分があることを警告したか（図2のD），⑥解雇前に自己改善に必要な猶予期間を設定したか（図2のE），⑦転職支援等の不利益緩和措置が取られたか（図2のE）といった点が考慮されている。勤務態度不良の場合には，上記①～⑦の要素に加えて⑧一定の注意や指導を施しても労働者の態度が改善されない場合に懲戒処分を行ったか（図3のBとCの間）という点も考慮されることがある[28]。

---

26)　解雇予告制度は，厚労省の「透明かつ公正な労働紛争解決システム等の在り方に関する検討会」において検討対象となったが，2017年5月に公表された報告書では具体的な修正案は示されなかった。報告書31頁。

27)　2007年から2016年の間に下された45の裁判例を検証した（雑誌と判例データーベースでその内容を確認することができたもののみ）。

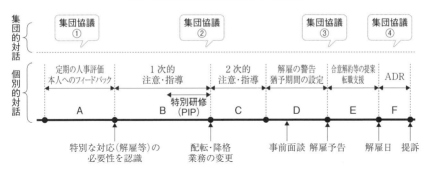

図2　勤務成績不良を理由とする解雇

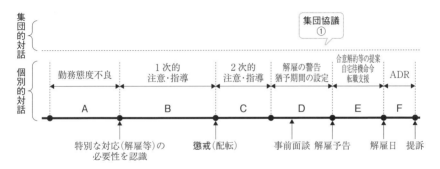

図3　勤務態度不良を理由とする解雇

　もっとも整理解雇と異なりこの種の裁判例では，濫用性判断の考慮要素が定型化されていないので，上記①～⑧の要素がすべての例において必ず精査される訳ではない。また，いずれの要素に比重を置くかという点も明確ではない。

---

28) トップ（カレーハウスココ壱番屋店長）事件・大阪地判平19・10・25労判953号27頁，三菱電機エンジニアリング事件・神戸地判平21・1・30労判984号74頁，トムの庭事件・東京地判平21・4・16労判985号42頁，マイクロソフトデベロップメント事件・東京地判平25・11・6 LEX/DB25502365，メルセデス・ベンツ・ファイナンス事件・東京地判平26・12・9労経速2236号20頁。

29) 普通解雇の類型別に濫用性判断における判断要素の整序を試みた論考に，根本到「解雇事由の類型化と解雇権濫用の判断基準―普通解雇法理の検討を中心として」日本労働法学会誌99号（2002年）52頁。

シンポジウム（報告⑤）

たとえば勤務成績不良の場合は，定期査定が本人にフィードバックされること（①）や成績不良が続く場合には具体的な到達目標を提示して改善を指示すること（③）が問題の早期解消との関係で重要と思われるが，検討した裁判例の中にはこれらの点についての十分な事実認定を行わずに，上司が労働者に適宜注意や指導を行ったことをもって解雇有効と判断する例がみられた。[30] また労働者に対して状況が改善されなければ解雇があり得ることを説明し（⑤），一定の猶予期間を与えて成績の改善を促すこと（⑥）も重要であるが，業務改善に取り組まない労働者の姿勢に対して上司が複数回注意を与えていた場合には，解雇通告がなされるまで一度も解雇に関する警告がなくとも解雇有効とされた裁判例が複数あり，これらの点はそれほど重視されていない。[31] ただし近時の例には，職種転換や降格がなく，「一定期間に業務改善が見られなかった場合の解雇の可能性をより具体的に伝えた上での業務成績の機会の付与等などの手段を講じることなく行われた解雇は」権利濫用となるとする判決があり注目される。[32]

つぎに勤務態度不良の場合を検討すると，こちらでは成績不良とは異なり，解雇の警告（⑤）と猶予期間の付与（⑥）という点が軽視されている。[33] 裁判所は，上司に対する反抗，同僚等への暴言，無断遅刻や無断欠勤といった態度の

---

30) 日本ベリサイン事件・東京高判平24・3・26労判1065号74頁，前掲注12)トライコー事件。

31) 類設計室事件・大阪地判平22・10・29労判1021号21頁，ロイヤルバンク・オブ・スコットランド・ピーエルシー事件・東京地判平24・2・28 LEX/DB25480516，日本ヒューレット・パッカード事件・東京高判平25・3・21労判1073号5頁，モリソン・フォースター・アジア・サービス・LLP事件・東京地判平27・7・22 LEX/DB25540850，新生銀行事件・東京地判平28・1・29 LEX/DB25542038。

32) 前掲注8)日本IBM事件。

33) 解雇の警告と猶予期間の付与がなされたことを踏まえて解雇有効との判断がなされた例に，前掲注28)トップ（カレーハウスココ壱番屋店長）事件，前掲注28)トムの庭事件，H社事件・東京地判平22・4・9労経速2079号14頁，前掲注28)メルセデス・ベンツ・ファイナンス事件。警告や猶予期間の付与が行われなかったが解雇が有効と判断された例に，前掲注28)三菱電機エンジニアリング事件，NEXX事件・東京地判平24・2・27労判1048号72頁，南淡漁業協同組合事件・大阪高判平24・4・18労判1053号5頁，あいおいニッセイ同和損害保険事件・東京地判平25・1・10 LEX/DB25500200，前掲注28)マイクロソフトデベロップメント事件。

悪さについて適宜注意や指導がなされていれば，使用者から具体的な解雇の警告がなされなくとも本人は解雇の可能性を推知し得ると解しているのかもしれないが，周囲と自己の認識には大抵ずれがあるから，この状況は問題である。

さいごに，数は多くないが検討した裁判例の中には，解雇に至る前に組合から当該組合員の処遇に関して団交が申し入れられたものがあった[34]（図2・図3のふきだし部分）。このような局面の労使協議には，使用者による説明責任の履行，第三者を交えた勤務評価の精査といった意義があるが，裁判所はこのような団交のもつ手続的意義を重視していない。裁判例には事実経緯の記述において団交の有無が記述されているものがあるが，解雇の濫用性判断の枠組みの中でその時の使用者の対応の適否を考慮する例はなかった[35]（不当労働行為性は問題とされている）。

V　労使対話の視点からみた解雇の適正手続

以上のように「労使対話」という視点から現行法制をみると，労基法と労組法には労使対話をうながす手続がいくつか整備されているが，司法判断では，それらの手続の履践が解雇の有効要件とはなっていない。また裁判所は，解雇の濫用性判断において解雇に至るプロセスを考慮するが，整理解雇の場合と異なりこの種の例では，労使対話の有無やその内容が濫用性の判断要素として定型化されていない。そのため使用者による労働者本人や組合に対する説明が不十分であっても，労働者の勤務不良の程度が著しい場合には解雇有効との結論に至る可能性がある。

---

34)　前掲注31）ロイヤルバンク・オブ・スコットランド・ピーエルシー事件，前掲注31）日本ヒューレット・パッカード事件，ブルームバーグ・エル・ピー事件・東京高判平25・4・24労判1074号75頁，JPモルガン事件・東京地判平28・4・11 LEXDB25542793，トレンドマイクロ事件・東京地判平24・7・4労経速2155号9頁。

35)　前掲注8）日本IBM事件では，勤務不良が認められる組合員が，使用者から自主退職か解雇のいずれかを選ぶよう求められた。組合は，開催が予定されていた団交においてこの組合員の問題を協議するように要請したが使用者はこれを拒否した。東京都労委はこれを不当労働行為と認定したが（都労委平24年（不）第80号事件・平25・8・6），この点は司法判断では解雇の濫用性を肯定する要素とはされなかった。

シンポジウム（報告⑤）

しかしながら，①労働者が職場における自分の評価を認識していること，②当該評価の妥当性が当事者間で共有されていること，③問題の改善が見込めない場合の処遇（解雇可能性等）が本人に警告されていること，④不利益措置を回避するための具体的な到達目標と到達に向けた方策が提示されていることは，この種の問題解決において特に重要な点である。なぜなら労働者はこれらの要素が充たされていなければ自己の努力等によって解雇を回避することができないからである。そこで以下，労使対話の充実という視点から，雇用終了における手続規制のあり方とその内容の考察を行う。

1　解雇過程における労使対話の意義

はじめに，勤務不良を理由とする解雇の過程における個別的労使対話と集団的労使対話の意義を確認しておきたい。

まず，この種の例において行われる労働者本人と使用者との対話プロセス（図2・図3の「個別的対話」部分）には，労働者に職場における自分の評価を認識する機会（場合によってはその修正を使用者と協議する機会）を提供し，労働者にその後のキャリアを熟思させる期間を保障するという意義がある（労働者は，雇用継続を求めて自己改善に取り組むか，より自分に合った職場を求めて他へ転職するかを選ぶことができる）。また使用者にとっても，労働者本人から弁明や意向を聴取し評価の妥当性について再考する機会を持つことで，その後の労働紛争を回避し得るという利点がある。

つぎに，使用者と組合等との対話プロセス（図2・図3の「集団的対話」部分）であるが，たとえば組合が組合員の意向を受けて，使用者と団交を開催し，当該組合員の人事評価について説明を受けたり，組合員に対する指導・研修のあり方や解雇回避措置の実施等について協議したりすることは，労働者本人（組合員）と使用者の間に存在する情報格差や交渉力格差を集団の力によって補うという点で重要な意義がある。また労働組合が団交において使用者から人事評価制度の内容や具体的な運用の説明を受けることは，使用者の査定権行使に対する集団的監視という意義もある。これは当該組合員だけでなく，組合に対しても独自の利益をもたらすものであり，使用者の濫用的な解雇権行使を抑止す

ることにもつながり得る。

このように勤務不良を理由とする解雇の過程において，上記 2 つの労使対話はそれぞれ独自の意義を有している。しかも集団的労使対話による個別的対話の補強という作用は，雇用終了過程の中で 2 つの労使対話が複線的に進行することにより生まれるものである。これまでの議論はこの 2 つの対話の関係に十分な注意が払われて来なかったが，仕事の成果が厳しく問われる新たな時代ではこのような 2 つの対話の構造に留意した手続構想が必要となる。

2　労使対話を重視した行為規範の定立

以上のような 2 つの労使対話の意義と関係を踏まえて，手続規範の具体的内容を提示したい。

解雇における手続規範には，行為規範と評価規範という 2 つの側面がある。労契法16条には，解雇は客観的合理的理由と社会的相当性が必要であるという定めがあるが，これは裁判における違法性判断の評価規範であると共に，職場における使用者の行為規範にもなっている。もっとも，労契法16条の内容は抽象的で，この文言自体から直に具体的な行為規範を想起することはできないため，労働実務では裁判所が示した解雇権濫用性の判断要素が現場の行為規範の指標となってきた。ただし，Ⅳでみたように，解雇権濫用の枠組みにおける各考慮要素の重要度は各事案によって異なり，行為規範としての曖昧さが残っている。

この点諸外国をみると，イギリスでは，解雇時の手続モデルがガイドラインによって明確化されており，司法判断においてもこのガイドラインが尊重されている。[36] 労使対話の保障という視点からみれば，日本もイギリスの例などを参考に行為規範の明確化を図り手続保障を強化させることが必要である。もっと

---

36)　イギリスでは，ACAS（行政機関）により「Disciplinary and Grievance Procedures」という行為準則が定められている。使用者はこれに従い企業内紛争処理手続を定め労働者に周知する必要がある。この手続の策定自体は義務ではないが，この手続の不履行は雇用審判所における司法的解決の際に考慮される（不公正解雇における補償金額の増額があり得る）。菅野和夫＝荒木尚志編『解雇ルールと紛争解決―10か国の国際比較』（独立行政法人労働政策研究・研修機構，2017年）87頁。

シンポジウム（報告⑤）

も，解雇における行為規範の具体的内容は，解雇の類型によって異なってくる
し，勤務態度不良という一類型をみても各対応の適正な時期や内容は事案毎に
異なっている。このように考えると，画一的な手続をすべての解雇に適用し罰
則等を用いて厳格にこれを運用することは現実的ではない。むしろ労働者への
手続保障は，行政指針の策定・周知と努力義務の立法化を段階的に進め，当事
者による自主的な行為規範の策定と遵守を促す方法が適切であろう。具体的に
は，解雇過程における行為規範を行政のガイドライン等によって明確化し，つ
ぎに解雇一般に共通する必要最小限の手続を努力義務で立法化するということ
が考えられる（施行後状況によっては努力義務から措置義務への移行も検討されるべ
きである）。

　問題は明確化すべき行為規範の内容であるが，ガイドラインについては，解
雇類型別に具体的な使用者の対応を時系列でモデル化すべきと考える。勤務不
良による解雇の場合は，これまでの判例法理で示された手続的考慮要素（図
2・図3に示したA〜E）を整序して，各ステージで求められる具体的内容を明
確化することが考えられる。このガイドラインには，集団的対話の保障という
観点から，団交等における使用者の説明や協議についてもそのモデル例を記述
しておく必要がある。

　つぎに努力義務の創設による手続規制の強化であるが，これについては，事
前面談制度と解雇予告制度の義務化が必要と考える。事前面談制度については
Ⅲでみたように，①具体的解雇理由の書面による交付，②付添人による補佐の
承認，③弁明の準備に必要な期間の確保という案があり，私見もこれに賛成す
る。ただし勤務不良の例では，労働者に解雇可能性を説明した後に本人に解雇
を回避するための猶予期間（自己改善期間）を付与することが重要であるから，
事前面談日と解雇予告日との間には一定の日数が確保されるようにしなければ
ならない。フランスではこの間の日数が2日と定められているが，[37]日本では日
数を明示せずに面談日の設定のみを義務化し，期間については当事者間の運用
に委ねるのが適当と考える。また，解雇予告制度は，労働者に対する経済的不

---

37)　フランスの状況については，菅野＝荒木・前掲注36)書168頁［細川良執筆部分］。

利益の緩和という側面を切り離して，原則として一定の予告期間を確保するという形に修正すべきである。労使対話の意義に鑑みると，労働者に解雇理由について説明を受ける機会を確実に保障する手続規制が望ましいからである。予告期間は現行の30日で足りると解するが，本人が希望する場合は解雇予告手当の支払いをもって予告期間を短縮することも認めてよいと考える。

　なお学説には，ドイツのように労使協議制を解雇の手続規制に組み入れるべきとの意見があるが[38]，これは集団的労使関係法の抜本的変更を要するため，現段階では行為規範の中にモデル化することは困難である[39]。もっとも評価規範の中で団交に対する使用者の対応を考慮することは必要であろう。司法判断において集団的労使対話の位置づけが明確になれば，労働実務においても集団的労使対話の機会の保障という意識が共有され，自主的なルールの形成が期待できるからである。

3　解雇の濫用性判断と労使対話

　さいごに，労使対話の視点を取り入れた評価規範について考えたい。

　Ⅳで分析したように，裁判所は，勤務不良による解雇の濫用性を判断するに際して，図2・図3に挙げた使用者の対応を適宜考慮している。しかし，整理解雇と異なり，この種の例では労働者本人に対する説明や協議が解雇の有効要件とされていないため，事前面談や解雇予告がなくとも解雇は有効になり得る。しかし繰り返し述べる通り，個別的労使対話の充実はこの種の例における解雇回避において不可欠の要素であり，契約上の信義則という点からも軽視されるべきではない。よって労働者本人に対する説明や本人との協議（最低限の内容として本人の弁明聴取と勤務不良の改善方法に関する意向把握）は，解雇の有効要件として位置づけられるべきである。具体的には労契法16条の「社会通念上相当性」の審査において，定型的にその対応の適否が吟味されるべきと考える。

　つぎに，解雇の濫用性判断と集団的労使対話との関係について述べたい。Ⅳ

---

38)　ドイツの状況については，菅野＝荒木・前掲注36)書99頁［山本陽大執筆部分］。

39)　従業員代表制の課題については，浜村彰「従業員代表性をめぐる三つの論点」毛塚勝利先生古稀記念『労働法理変革への模索』（信山社，2015年）695頁。

シンポジウム（報告⑤）

で述べたようにこの種の解雇の裁判では，労働組合に対する使用者の対応は，たとえそれが不当労働行為に該当するものであったとしても，解雇の濫用性判断には特に影響しない。しかしながら，集団的労使対話による個別的労使対話の補強という意義に重視するならば，整理解雇の場合と同様に団交の申入れに対する使用者の対応が濫用性判断の一要素として精査されるべきである。解雇に至る過程において組合から当該労働者の処遇に関する団交が申し入れられた場合には使用者はこれに誠実に対応しなければならず，[40] たとえば団交拒否や不誠実交渉といった対応がなされた場合には，それは不当労働行為性の問題とは別に解雇権行使の手続的正義という視点から，当該解雇の濫用性を肯定する要素として評価されるべきである。

　なお集団的労使対話の評価に関しては，組合が組合員の解雇に同意した場合をどのように評価するべきかという問題がある。この点は，組合の同意を解雇の濫用性を否定する要素として評価することはできないと考える。この種の解雇過程における集団的労使対話の保障の意義は，個別的対話で生じる交渉力格差を縮小するところにあり，この局面における組合の解雇への同意をそのように評価することはその重要な意義を失わせるものとなるからである。

VI　総　　括

　以上，本稿では，勤務不良を理由とする解雇における個別的労使対話と集団的労使対話の意義に着目し，それらの労使対話の充実による事後紛争の回避に重点を置いて今後の手続規制のあり方を考察した。労使対話は，勤務不良を理由とする解雇以外の解雇や解雇以外の雇用終了の局面でも重要な視点であると解するが，それらに関する手続構想については今後の課題としたい。

（ところ　ひろよ）

---

40)　人事査定の仕組みや個別の査定内容の情報開示については，企業内組合に対する場合と地域労組に対する場合では要請される程度が異なるのはやむを得ない。濫用性の判断においては事案毎にその妥当性が吟味されるしかない。

労働契約終了と「合意」

川 口 美 貴

（関西大学）

I　はじめに──目的と検討対象

　労働者と使用者の「合意」又は「労働者の意思表示」という外形による労働契約終了の肯否は，労働者をその意思に基づかない労働契約の終了から保護し雇用の安定化を図る上で最も重要な論点の一つである。

　第一は，「解約合意」又は労働者の「辞職」という外形による労働契約終了である。「解雇」及び使用者による「契約更新拒否」は法令上規制されているため，使用者は，「解約合意」又は労働者の「辞職」という外形による労働契約終了を志向する傾向があるが，「追い出し部屋」等の過度な「退職勧奨」も大きな問題となっており，内実は労働者の自由な意思に基づかない労働契約終了である場合も少なくない。そこで，本稿では，労働者の自由な意思に基づかない労働契約の終了から労働者を保護するために，意思表示理論との整合性と使用者の正当な信頼利益にも配慮しつつ，「解約合意」又は「辞職」による労働契約終了の肯否の判断基準の明確化を試みる（→II[1]）。

　第二は，労契法18条所定の無期転換申込権・19条所定の契約更新（締結）申込権の「放棄・不行使の合意」と労働契約の不更新・更新限度「合意」による労働契約関係の終了である。有期労働契約は期間満了により終了するが，労契法18条又は19条所定の要件の充足により新たな労働契約が成立するところ，両

---

[1]　解約合意と辞職については，①退職勧奨行為等の不法行為該当性と損害賠償請求の可否，②労働者が退職勧奨行為等により退職を余儀なくされた場合の財産的損害賠償請求の可否も重要な論点である。②については，小宮文人『雇用終了の法理』（信山社，2010年）第3章等参照。

シンポジウム（報告⑥）

条文所定の申込権の「放棄・不行使の合意」や不更新・更新限度「合意」により，使用者が有期労働契約の更新・締結と無期転換を回避することが懸念される[2]。そこで，本稿では，有期労働契約における雇用の安定化を図るために，労契法18条・19条所定の申込権の「放棄・不行使の合意」と両条文施行後の労働契約の不更新・更新限度「合意」の意義と効力を検討する（→Ⅲ）[3]。

Ⅱ　「解約合意」又は「辞職」

1　労働契約終了からの保護──多様なアプローチ

「解約合意」又は「辞職」による「労働契約の終了」という法律効果を肯定するためには，それが労働者の「自由な意思」に基づくものであることが前提であり，また，労働契約の終了は，労働契約内容の不利益変更以上に労働者に重大な経済的・人格的不利益をもたらしうるので，「自由な意思」は慎重に検討される必要がある。しかし，労働者と使用者には情報・交渉力格差があり，「解約合意」や「辞職」に至る過程で，労働者が十分かつ適切な情報を得て納得・理解し，使用者と実質的に対等に交渉し，熟慮した上で慎重に意思決定を行うことが困難な場合も多い。

そこで，労働者の自由な意思に基づかない労働契約の終了等から労働者を保護するために，以下のような多様なアプローチから理論が展開されてきた。

第一に，「意思表示の成立（完成）」について，労働者の解約合意又は辞職に関する意思表示の存在は，裁判例でも「確定的」な意思表示か等に照らし「慎重に判断」されている[4]。しかし，意思表示の存在の否定は，表示行為が黙示，口頭，又は契約終了が明記されていない書面による場合にほぼ限定されており[5]，労働者の署名又は押印のある退職届等が存在する場合は，その「真正な成立」

2）　2018年4月1日で労契法18条の施行5年となり，無期転換権が発生し始める。

3）　労契法18条は2013（平25）年4月1日施行，労契法19条は2012（平24）年8月10日施行である。

4）　税理士事務所事件・東京地判平27・12・22労経速2271号23頁，ソクハイ事件・東京地判平28・11・25労経速2306号22頁等。

が推定され（民訴228条4項⁶⁾），さらに労働者の退職の意思が記載された退職届等は処分証書である⁷⁾のでその「意思表示の存在」が推定され，反証により文書の真正の推定が覆らなければ当該意思表示の存在が認定されることになる⁸⁾。

第二に，「意思表示の効力」について，労働者の意思表示は，存在し成立しても，「効力障害要件」たる「意思の不存在又は意思表示の瑕疵（民93条，95条，96条）」⁹⁾により，無効となり又は取消しうる¹⁰⁾。しかし，要件の厳格さ及び労働者による証明責任の負担から，無効又は取消しの範囲は必ずしも広くはなく，

---

5) 前掲注4）の裁判例，朋栄事件・東京地判平9・2・4労判713号62頁，今川学園木の実幼稚園事件・大阪地堺支判平14・3・13労判828号59頁，Ｏ法律事務所事件・名古屋高判平17・2・23労判909号67頁，東京エムケイ事件・東京地判平26・11・12 LLI/DB：L06930740，ゴールドルチル事件・名古屋高決平29・1・11労判1156号18頁，TRUST 事件・東京地立川支判平29・1・31労判1156号11頁等。

6) 押印については文書上の印影が本人等の印章によるとの事実の証明によって本人等の意思に基づく押印が事実上推定され（最三小判昭39・5・12民集18巻4号597頁）（第一段の推定），さらに民訴法228条4項の推定規定（法定証拠法則）により，文書の真正が推定される（第二段の推定）。相手方は，事実上の推定及び法定証拠法則の双方に対し反証をなしうる（伊藤眞『民事訴訟法〔第5版〕』（有斐閣，2016年）415-416頁）。

7) 「処分証書」は「意思表示その他の法律的行為が行われたことを示す文書」等と定義され，それ以外の報告文書（証書）と区別される。処分証書においては，文書作成の意思と記載内容たる行為の意思が直接に関係しているので，文書の真正（作成者の意思に基づく文書作成）が証明されたときは，記載されている行為そのものの存在が認定される（伊藤・前掲注6）書411-412頁等）。

8) 淺野高宏「賃金減額合意の認定方法とその効力要件」季労237号（2012年）154-155頁，加藤正佳「雇止め事由の正当性についての錯誤と転籍合意の成否」季労241号（2013年）177-178頁等。

9) 民法の一部を改正する法律（平29法44）による改正後の民法新95条（錯誤）は，動機の錯誤を明文化し，また，錯誤の法律効果を無効ではなく取り消しうるものと改めている。

10) 「心裡留保」は使用者の悪意・過失が，「動機の錯誤」は誤信の存在・動機の使用者に対する表示等が，「詐欺による意思表示」は，1）詐欺者の故意（①相手方を欺罔し錯誤に陥れようとする故意と②錯誤により意思表示をさせようとする故意），2）欺罔行為とその違法性，3）欺罔行為により錯誤に陥ったこと，4）錯誤と意思表示の因果関係が，「強迫による意思表示」は，1）強迫者の故意（①相手方を強迫し恐怖心を生ぜしめようとする故意と②恐怖心により一定の意思表示をさせようとする故意），2）強迫行為とその違法性，3）強迫行為により恐怖心を生じたこと，4）恐怖心と意思表示の因果関係が要件とされている（『新版注釈民法(3)』（有斐閣，2003年）289頁［稲本洋之助］，406-421頁［川井健］，470-478頁［下森定］，504-508頁［下森定］等参照）。

シンポジウム（報告⑥）

その範囲を拡張する貴重な研究も多く存在するが，解釈論として困難な部分や拡張の限界を指摘しうる[11]。[12]

　第三に，「意思表示の撤回」について，労働者の意思表示が，①「辞職」であれば，使用者に到達した時点で解約告知としての効力が生じ（民97条1項参照），撤回できず（民540条2項）[13]，②「合意解約の承諾」であれば，使用者への到達により解約合意が成立し，撤回できないが[14]，③「合意解約の申込み」であれば，使用者の承諾の意思表示がなされるまでは信義に反する等の特段の事情がない限り自由に撤回することができる[15]・[16]。しかし，③の場合でも，使用者から

---

11)　小西國友『解雇と労働契約の終了』（有斐閣，1995年）特に169-179頁（初出は1976年），森戸英幸「辞職と合意解約―いわゆる『みなし解雇』に関する考察とともに」『講座21世紀の労働法　第4巻』（有斐閣，2000年）227-228頁，三井正信「準解雇の法理(1)～(5・完)」広島法学27巻1号53頁，2号111頁（以上2003年），3号1頁，4号31頁，28巻73頁（以上2004年），根本到「合意解約の有効性判断と情報提供義務・威迫等不作為義務―労働法における『合意の瑕疵』論を考える素材として」『水野勝先生古稀記念論集　労働保護法の再生』（信山社，2005年）57-89頁等。

12)　小宮・前掲注1)書204-205頁等も参照。

13)　民法627条1項に基づく辞職の意思表示も2週間経過前であれば撤回できる（道幸＝小宮＝島田『リストラ時代　雇用をめぐる法律問題』（旬報社，1998年）108-109頁［島田陽一］，下井隆史『労働法〔第4版〕』（有斐閣，2009年）88頁〈信義則に反しないとの限定付〉）との見解は，法的根拠が不明である。また，森戸・前掲注11)論文220-221頁は，労働者の退職申出等の性質が定かでない場合は「合意解約申込みの意思表示と同時に辞職の意思表示も予備的になされている」と解し，①使用者の承諾前に撤回すれば予備的な辞職の意思表示も撤回され，②使用者が承諾すれば合意解約が成立し契約が終了し，③使用者が承諾しなければ2週間経過時点で予備的な辞職の意思表示により契約が終了するとする（①～③は筆者）が，相当期間内の合意解約の承諾を解除条件とする辞職の意思表示は可能としても，その法律効果は②と③だけで，①は辞職の意思表示は相手方到達時点で撤回できないと解される。

14)　八幡製鉄所事件・最一小判昭36・4・27民集15巻4号974頁。

15)　国鉄青函船鉄道管理局事件・函館地判昭47・12・21判タ295号344頁，昭和自動車事件・福岡高判昭53・8・9判時919号101頁，大隅鉄工所事件・名古屋高判昭56・11・30判時1045号130頁（最三小判昭62・9・18労判504号6頁も支持），山崎保育園事件・大阪地決平元・3・3労判536号41頁，白頭学院事件・大阪地判平9・8・29労判725号40頁等。

16)　民法の一部を改正する法律（平29法44）による改正後の民法は，承諾の期間を定めてした申込みは，申込者が撤回権を留保した場合を除き，撤回できず（民新523条1項），承諾の期間を定めないでした申込みは，申込者が撤回権を留保した場合を除き，相当な期間経過までは撤回できない（民新525条1項）と定めるが，退職届の提出等は，労働者が撤回権を留保していると解釈すべきであろう。

の承諾の意思表示の到達により解約合意が成立しその後は撤回できず，「撤回」[17]をなしうる範囲は限定されている。

第四に，使用者の「退職勧奨」[18]は，目的及び態様の点で社会通念上相当な範囲[19]に限定され，それを超えれば人格権侵害の不法行為と評価されうる[20]・[21]。しかし，当該行為が不法行為として損害賠償請求の原因となっても，直ちにその後の「解約合意」や「辞職」の効力に影響を与えるわけではない。

2　意思表示の効力の判断枠組み──効力発生要件と証明責任の転換

前記1で検討した理論とアプローチの重要性は言うまでもないが，労働者が契約終了を争っている場合は，労働者の解約合意又は辞職に関する意思表示の効力と労働契約終了の肯否の判断枠組みそのものの再検討が必要であろう。

「意思」は「自由に形成された意思」であるから法律効果が肯定され，「意思

---

17)　辞職の意思表示が2週間まで撤回できることを前提に，2週間まで撤回できるとの見解（道幸＝小宮＝島田・前掲注13)書108-109頁〔島田陽一〕）もあるが，法的根拠が不明である。

18)　「退職勧奨」ではなく「解雇の意思表示」と認定される場合もある（丸一商店事件・大阪地判平10・10・30労判750号29頁，東京セクハラ（M商事）事件・東京地判平11・3・12労判760号23頁）。

19)　差別禁止事由（労基3条，労組7条1号，均等6条・9条3項，育介10条・16条等参照）を理由とする退職勧奨（差別禁止事由を選定基準とする指名退職勧奨等も含まれる）は，これらの条文違反でもある（均等法6条4号は性別につき明文で禁止している）。

20)　退職勧奨の不法行為該当性を肯定した裁判例として，下関商業高校事件・最一小判昭55・7・10集民130号131頁（広島高判昭52・1・24労判345号22頁を支持），全日本空輸事件・大阪地判平11・10・18労判772号9頁，同事件・大阪高判平13・3・14労判809号61頁，前掲注5）今川学園木の実幼稚園事件，国際信販事件・東京地判平14・7・9労判836号104頁，日本航空事件・東京地判平23・10・31労判1041号20頁，兵庫県商工会連合会事件・神戸地姫路支判平24・10・29労判1066号28頁，エム・シー・アンド・ピー事件・京都地判平26・2・27労判1092号6頁，学校法人須磨学園ほか事件・神戸地判平28・5・26労判1142号22頁等。否定した裁判例として，明治ドレスナー・アセットマネジメント事件・東京地判平18・9・29労判930号56頁，UBSセキュリティーズ・ジャパン事件・東京地判平21・11・4労判1001号48頁，日本アイ・ビー・エム事件・東京地判平23・12・28労経速2133号3頁，同事件・東京高判平24・10・31労経速2172号3頁等。

21)　根本・前掲注11)論文57頁は情報提供義務と威迫等不作為義務を使用者の信義則上の義務とする。

シンポジウム（報告⑥）

が自由に形成されたこと（意思の自由）」が意思表示の効力要件であることは自明の前提であり，明文規定はないものの，「条理」（裁判実務心得〈明8太政官布告103〉3条[22]）にもその法的根拠を求めることができる。

　ただし，意思の形成は内心の問題であるから，一般的には，意思表示が存在し成立する場合は，当事者が対等に交渉しうることを前提に，「意思の自由」と意思表示の効力がいわば推定され，その効力を争う者が意思表示の瑕疵（意思の形成過程に自由が欠けていたこと：意思の不自由）等の「効力障害要件」の充足を主張立証しない限り，意思表示の効力が肯定される[23]。

　しかし，労働関係における労働者と使用者の情報・交渉力格差に鑑みれば，労働者が労働契約の終了を争う場合は，労働者の労働契約終了の意思表示が存在・成立しても，当該意思表示の効力は，「**意思の不自由**」（意思表示の瑕疵）等の「**効力障害要件**」の充足を労働者が主張立証する場合を除き肯定されるのではなく，「意思の自由」を「効力発生要件」とし，使用者が意思の自由を裏付ける事実として「自由な意思に基づくものと認めるに足りる合理的な理由の客観的存在」を根拠付ける事実を主張立証した場合に肯定することとすべきである。そしてこのように，意思表示の効力要件である「意思の自由」に関する証明責任を転換し，「意思の不自由」を意思表示の「効力障害要件」としてその証明責任を労働者に負担させるのではなく，「意思の自由」を意思表示の「効力発生要件」としてその証明責任を使用者に負担させることが，証明責任分配の基本思想である衡平の理念に合致するといえよう[24]。

　それゆえ，退職届等の処分証書が存在する場合も，民訴法228条4項による推定は「意思表示の存在」にとどまり「意思の自由」には及ばないので，さら

---

22) 「一　民事ノ裁判ニ成文ノ法律ナキモノハ習慣ニ依リ習慣ナキモノハ条理ヲ推考シテ裁判スヘシ」。この「裁判事務心得」は現行法令として存在する。

23) 法律行為は，1）①当事者の存在，②意思表示の存在，③必要な方式の具備（要式行為）を「成立要件」とし，2）①当事者の意思能力・行為能力，②内容の確定性・不能ではないこと，③意思の不存在（欠缺）・意思表示の瑕疵がないこと，④強行法規・公序良俗違反でないこと等が「効力要件」であり，成立要件の充足は法律効果を肯定する側が，効力要件を充足しないこと（効力障害要件該当性）は法律効果を否定する側が主張立証責任を負担するとされている（『新版注釈民法(3)』（有斐閣，2003年）49-53頁［平井宜雄］等）。

に，「意思の自由」を裏付ける事実を使用者が主張立証する必要がある。

　以上をまとめると，解約合意及び辞職における労働者の意思表示の効力は，労働者がその効力を争う場合は，①「意思表示の存在」等の「意思表示の成立要件」の充足，②「意思の自由」という「効力発生要件」の充足（当該行為が「自由な意思に基づくものと認めるに足りる合理的な理由の客観的存在」を根拠付ける事実の存在），③意思の不存在，強行法規違反等の「効力障害要件」に該当しないことの①〜③を要件として肯定されるべきであり，①意思表示の成立要件に加えて，②効力発生要件の証明責任も使用者が負担し，③効力障害要件の証明責任を労働者が負担することとすべきである。[25]

　そして，その他の労働者に不利益をもたらしうる労働者の意思表示（労働契約内容の不利益変更への同意等）の効力も，労働者がその効力を争っている場合は，同様に解すべきであろう。[26]

　最高裁は，労働者の，賃金債権の放棄，[27] 賃金債権との相殺への同意，[28] 妊娠中

---

24)　「意思の自由」を意思表示の新たな「成立要件」と解することも可能であろうが，そうすると，意思表示の成立要件は効力を肯定する者が負担するところ，労働者が労働契約の終了を望む場合に，労働者が意思表示の成立のみならず「意思の自由」の主張立証も負担することになり妥当ではない。また，「新たな成立要件」の設定は意思表示理論との乖離が大きい（労働者の自由な意思に基づくものと認めるに足りる合理的な理由の客観的存在が意思表示の成立要件であることを否定する裁判例として，NTT東日本—北海道ほか1社事件・札幌地判平24・9・5労判1061号5頁）。したがって，労働者が労働契約の終了を否定する場合における，労働者の意思表示の「効力要件における証明責任の一部転換（意思の自由について）」の問題と位置づけた方が，結果的妥当性及び意思表示理論との整合性を肯定しうるように思われる。

25)　この私見では，労働者が労働契約の終了を否定する場合，使用者が抗弁で「意思の自由」を主張立証することになるので，労働者の再抗弁における「意思の不自由」（動機の錯誤，詐欺，強迫）の主張立証は事実上使用者の抗弁に吸収されることになり，労働者の再抗弁としては，「意思の不存在」（動機の錯誤を除く錯誤及び心裡留保）と「強行法規違反」等が残ることになる。

26)　淺野高宏「就業規則の最低基準効と労働条件変更（賃金減額）の問題について」山口浩一郎ほか編『安西愈先生古稀記念論文集　経営と労働法務の理論と実務』中央経済社（2009年）301頁，淺野・前掲注8）論文163頁，本久洋一「労働者の個別同意ある就業規則の不利益変更の効力」法時82巻12号（2010年）143頁等は「自由な意思に基づくものと認めるに足りる合理的な理由の客観的存在」を労働条件の不利益変更への労働者の同意の効力要件と位置づけていると思われる。

シンポジウム（報告⑥）

の軽易業務転換を契機とする降格への同意[29]，就業規則の不利益変更に伴う退職金の減額への同意[30]の効力を肯定するために，「自由な意思に基づくものと認めるに足りる合理的な理由の客観的存在」を根拠付ける事実を使用者が主張立証することを要していると思われ，また，労働者の労働条件の個別的な不利益変更への同意の効力についてもこれを要求する裁判例[31]が存在するが，いずれも，「意思の自由」を意思表示の「効力発生要件」とし，これを裏付ける事実として「自由な意思に基づくものと認めるに足りる合理的な理由の客観的存在」を根拠付ける事実を使用者に主張立証させるものと解することができよう[32]・[33]。ただし，「意思の自由」の具体的な判断基準は，意思表示の効力が問題となる場面[34]

---

27) シンガー・ソーイング・メシーン・カムパニー事件・最二小判昭48・1・19民集27巻1号27頁。

28) 日新製鋼事件・最二小判平2・11・26民集44巻8号1085頁。

29) 広島中央保健生協同組合事件・最一小判平26・10・23民集68巻8号1270頁。

30) 山梨県民信用組合事件・最二小判平28・2・19民集70巻2号123頁。同判決の評釈として，野田進・労旬1862号（2016年）32頁，皆川宏之・労働判例百選〔第9版〕（2016年）46頁，水町勇一郎・ジュリ1491号（2016年）5頁，原昌登・成蹊法学84号（2016年）280頁，池田悠・日本労働法学会誌128号（2016年）200頁，淺野高宏・ジュリ平成28年度重判230頁，土岐将仁・法学教室436号（2017年）8頁，井川志郎・労判1158号（2017年）6頁，和田肇・季労257号（2017年）155頁等。

31) 更生会社三井埠頭事件・東京高判平12・12・27労判809号82頁，NEXX事件・東京地判平24・2・27労判1048号72頁等。

32) ①労働者の労働債権の放棄や合意相殺，②労働条件不利益変更への労働者の同意等につき，その意思表示が「自由な意思に基づくと認められる合理的理由の客観的存在」を要するとする最高裁判例・下級審裁判例について，①につき「自由な意思表示の慎重な認定枠組み」と位置づけるものとして，荒木尚志「就業規則の不利益変更と労働者の合意」法曹時報64巻9号（2012年）2269-2270頁，①につき放棄の意思表示及び「合理的な理由の客観的存在（の評価根拠事実）」を，自由意思による債権放棄という抗弁の要件事実と位置づけるものとして，山川隆一『労働紛争処理法』（弘文堂，2012年）230-231頁，①と②につき，意思表示の有無の慎重な認定枠組みと位置づけるものとして，山川隆一「労働条件変更における同意の認定」荒木尚志ほか編『労働法学の展望』（有斐閣，2013年）272頁。

33) 前掲注30)山梨県民信用組合事件最高裁判決につき，「自由な意思に基づくものと認めるに足りる合理的な理由の客観的存在」を意思表示の新たな成立要件と解するものとして，池田・前掲注30)200頁，土岐・前掲注30)8頁，土田道夫『労働契約法〔第2版〕』（有斐閣，2016年）596-597頁等。

34) 労働契約の締結，労働契約内容の変更（集団的・個別的，変更対象），労働契約の終了等。

により異なりうる。

3 「意思表示の存在」と「意思の自由」の判断基準

それでは，労働者が労働契約の終了を争っている場合，労働者の労働契約終了の「意思表示の存在」と「意思の自由」はどう判断すべきであろうか。

使用者の正当な信頼利益も考慮するならば，判断基準の明確化が必要であるので，①書面による明示的表示と，②「意思の自由」の基盤の存在，及び，③使用者による証明責任の負担を判断基準として提示することにしたい。

(1) 「意思表示の存在」：書面による明示的表示　　第一に，労働契約を終了させる意思表示は，労働者にとって重大な意思表示であるから，労働者の署名又は押印のある書面による明示的表示行為がなければ，労働契約終了の効果意思を推認しうる表示行為の存在は認定し難い。

(2) 「意思の自由」：意思を自由に形成する基盤の存在　　第二に，労働者と使用者の情報・交渉力格差等に鑑みれば，労働契約終了に至る過程において，労働者がその意思を自由に形成する基盤として，以下の事実が存在したことが必要である。

一つめは，使用者が，労働協約や就業規則の規定も含め，労働者に対して，労働者の意思形成の基礎となる事実等についての真実かつ適切な情報提供を行[35]い，誠実な説明協議をなした[36]ことである。[37]

なぜなら，労働者が，自発的に退職を希望する場合を除き，労働契約の終了を選択するかどうかの主な判断要素は，①労働契約を終了させる理由の有無と

---

35) 例えば，使用者が真の理由とは別の理由を労働者に告げて退職勧奨を行った場合，労働者は自らの立場を正確に理解した上での退職の意思決定ができないので，退職の意思の自由は肯定されない，合理的な理由がなくあるいは対象者を恣意的に選定した退職勧奨は，労働者がその事情を知っていない限り意思の自由な形成を阻害すると判断したものとして，日本アイ・ビー・エム事件・東京高判平24・10・31労経速2172号3頁。

36) 労働契約締結時（労基15条・労基則5条）とは異なり，解約合意時に明示すべき情報に関する具体的な規定は存在しないが，使用者は信義則上（労契3条4項）説明義務を負うと解される。

37) 労働者から社会通念上解約合意の判断対象となりうる情報を求められた場合は，使用者は，それを否定する合理的な理由がある場合を除き提供すべきである。

シンポジウム（報告⑥）

内容（経営上の理由であれば，人員削減の必要性・対象者の選定基準等，当該労働者の人的理由であれば，能力・適性・勤務態度への評価等），②労働契約終了に伴う経済的・人格的不利益の程度と内容（契約終了時期，定年までの期間，契約終了までの労働条件，退職時の金銭補償〈手当・割増退職金の支払等〉，再就職先の斡旋の有無と内容）等であるところ，これらについては，使用者からの真実かつ適切な情報提供があり，労働者の意見も述べつつ交渉し誠実な説明協議を行う場がなければ，労働者は理解し納得することができず，意思の自由な形成ができないからである。

　二つめは，労働契約終了に至る過程において，労働者が意思を自由に形成しうる手続・環境が整備されていたことである。

　使用者による退職勧奨は，目的・態様の点で，人格権保障の観点から，社会通念上相当と認められる範囲内でなければならないことは言うまでもない。

　しかし，労働者が情報や説明を十分に理解し，実質的に対等に交渉し，熟慮した上で慎重に，意思形成したと言いうるためには，①合意解約や辞職についての情報提供・説明協議を行う面談を実施する場合は，労働者に，事前にその内容を告知し，労働組合の役員，弁護士，同僚，家族，友人等，労働者の希望する付添人の同席を認める旨を伝え，実際に認めたこと，②労働者が希望する回数・時間を適切な範囲で確保し，労働者の希望や条件も聴取し，十分な熟慮期間を付与したこと，③慎重に判断するために書面による意思表示を求めたこと，④使用者からの影響力を受けずに自分自身で判断できるように，職場ではなく自宅等で，使用者又はその関係者がいない状況で，その意思を表示する書面を作成したこと等が必要である。

　また，使用者は，当該労働者の所属する労働組合が当該労働者の退職に関する事項について団体交渉を求めた場合は団体交渉義務を負うところ，団体交渉は，当該労働者が実質的に対等に交渉し意思を自由に形成しうる手続・環境の重要な一部であるので，誠実団体交渉義務が履行されたことが必要である。

　三つめは，労働契約終了に至る過程での業務命令の内容や職場環境が，労働者の意思の自由な形成への影響力行使とならないよう配慮されたことである。[38]

　なぜなら，使用者は，他の契約当事者とは異なり，労働契約の終了に向けた

交渉の相手方である労働者に対し，交渉している過程においても，別途，労務給付請求権を有し，職場環境を設定しうる地位にあるからである。[39]

(3) 証明責任　前記(1)で述べた書面による明示的表示，及び，前記(2)で述べた意思の自由な形成の基盤となる事実の存在については使用者が主張立証し，充足されていない点があれば，それでもなお意思表示の存在と意思の自由を肯定しうる格別の事情を使用者が主張立証した場合を除き，「意思表示の存在」と「意思の自由」は否定され，労働契約終了の効果は否定されるべきであろう。[40]

Ⅲ　申込権の「放棄・不行使合意」と不更新・更新限度「合意」[41]

1　労契法18条と19条の意義と性質

労契法18条の無期転換申込権・19条の契約更新（締結）申込権の「放棄・不行使の合意」と不更新・更新限度「合意」の意義と効力は，両条文の意義と性質の理解により結論を異にするので，まず両条文の意義と性質を確認する。

(1) 意　義：契約関係終了の規制と雇用の安定化　労働契約の「期間」を定め，当該労働契約を有期労働契約とすると，期間満了により契約が終了することから，労働者に大きな不利益をもたらしうる。しかし，労働者は生活のために他人の下での労働を必要とし，また，使用者と実質的に対等な立場で交渉

---

38)　退職強要的な業務命令を不法行為とした裁判例として，下関商業高校事件・広島高判昭52・1・24労判345号22頁，バンク・オブ・アメリカ・イリノイ事件・東京地判平7・12・4労判685号17頁等。

39)　エフピコ事件・水戸地下妻支判平11・6・15労判763号7頁は，使用者は，労働者の意に反する退職がないよう職場環境を整備する義務，違法・不当な目的・態様の人事権不行使義務を負うとする。

40)　使用者の意思表示が「解雇」と「合意解約の申込み」の双方を含み，労働者に労働契約終了を受け入れるような行為（「解雇の承認」とも言われる）があったとしても，本文で述べた判断基準に照らし，労働者の合意解約の承諾の意思表示の存否と効力を判断すべきである。

41)　従来の議論は，鈴木俊晴「無期転換権不行使の合意と有期契約不更新条項」労旬1815号（2014年）35-43頁，篠原信貴「有期雇用」『講座労働法の再生　第6巻』（日本評論社，2017年）191-210頁等。

できないので，期間の定めのない労働契約の締結を望んでいても，有期労働契約を締結せざるを得ない場合も多い。

そのため，使用者による契約更新拒否から労働者を保護するために，判例法理が形成され，その後労契法において，「期間の定めを設定する合意」の規制（入口規制）はしないものの，契約更新拒否による労働契約関係の終了から労働者を保護する19条（出口規制）と，雇用の安定化のために有期労働契約を期間の定めのない労働契約へと転換させる18条（中間規制）が制定された。

(2) 性　質：当事者の意思により適用を排除できない強行規定　労契法18条・19条の性質として，強行規定か任意規定かが問題となりうるが[42]，第一に，両条文は，労契法16条・17条1項等と共に，労働者に重大な不利益を与えうる雇用の喪失から労働者を保護する規定であるところ，雇用保障もまた労働者の健康安全保障等とともに，労働者の人格権保障・平等原則を内包する憲法27条の労働権保障を法律の条文として具体化したものである。

第二に，任意規定だとすると，労働者と使用者の合意により設定された「期間の定め」から労働者を保護する規定を，再び合意により排除できることになり，条文の意義と矛盾する。また，適用除外に同意しない労働者が採用・労働条件等において不利となり，労働者が適用除外に同意せざるを得なくなる危険性があるとともに，労働者間の公正競争の基盤が破壊される。

第三に，労働契約の継続を望まない労働者は，契約更新・締結の申込みをしなければよく，当該規定の適用を排除する必要はない。

したがって，労契法18条・19条は，同法16条や17条1項等と共に，当事者の意思により適用を排除できない強行規定である。

---

42)　大内伸哉「有期労働契約の不更新条項と雇止め制限法理」季労244号（2014年）125-127頁は，労働法上の強行規定は，労働者の人的従属性に関わる強行性の強い「完全な強行規定（derogation が認められない）」と労働者の真に自由な意思があれば derogation が可能な「半強行規定」があるとし（詳細は，同「従属労働者と自営労働者の均衡を求めて─労働保護法の再構成のための一つ試み」『中嶋士元也先生還暦記念論集　労働関係法の現代的展開』（信山社，2004年）47-69頁），雇止めの規制は人的従属性に関わるものではなく半強行規定であるとするが，本文で述べた理由により支持できない。そもそも，当事者の合意により逸脱可能であればそれは「任意規定」であり，「半強行規定」という概念は観念し得ない。

2 労契法18条と申込権の放棄・不行使合意／解約合意

(1) 無期転換申込権の放棄・不行使合意の効力　労働者は，労契法18条に基づき，「通算契約期間の要件」が充足されれば，所定の期間内の行使により使用者の承諾がなくても「期間の定めのない労働契約の成立」という法律効果が発生する，特別の「無期転換申込権[43]」を有する。

当該申込権を行使するかどうかは労働者の自由であるから，労働者が申込権を「結果として行使せず」，労働契約関係の終了又は有期労働契約締結の申込みを選択することは当然ありうる。

それでは，労働者が，無期転換申込権の発生前，又は，発生後所定の期間を経過する前に，当該権利を放棄し又は不行使を使用者と合意した場合，当該放棄の意思表示又は不行使の合意は有効であろうか。

この点については，権利の発生後[44]，又は，権利発生前後の双方の時点での放棄又は不行使合意につき[45]，放棄又は合意の「成立」は厳格に判断しつつも，成立した場合の「効力」を肯定する見解が存在するが，支持できない。その理由は以下の通りである。

第一に，無期転換申込権は，行使しうる期間が数年間に及ぶ場合があり，かつ，行使するかどうかは労働者がその時の生活・家庭・雇用状況等を考慮して決定するもので事前の判断は困難であるところ，労契法18条は無期転換申込権の発生時から当該有期労働契約の期間満了までの間，労働者による同権利の行使を保障するものであるから，無期転換申込権の発生前後のいずれであっても，所定の期間経過前に例えば金銭補償により放棄させることはできない[46]。

第二に，無期転換申込権の行使は，労契法18条に基づく期間の定めのない労

---

43) 行使すれば当然に期間の定めのない労働契約が成立するので，一種の形成権とも言える。

44) 荒木尚志『労働法〔第3版〕』（有斐閣，2016年）493頁，川田知子「無期転換ルールの解釈上の課題（労契法18条）」野川忍ほか編著『変貌する雇用・就労モデルと労働法の課題』（商事法務，2015年）269-270頁等。

45) 菅野和夫『労働法〔第11版補正版〕』（弘文堂，2017年）317-318頁，土田・前掲注33）書788-789頁，篠原・前掲注41）論文210頁等。

46) 毛塚勝利「改正労働契約法・有期労働契約規制をめぐる解釈論的課題」労旬1783・1784号（2012年）23頁も同旨と思われる。

シンポジウム（報告⑥）

働契約の成立要件の一つであり，同権利の放棄又は不行使合意は，権利発生前後のいずれも，実質的に同条の適用を排除する意思表示・合意であるところ，労契法18条はその適用を排除できない強行規定である（→前記1(2)）。

第三に，無期転換申込権は，強行規定である労契法18条の定める労働者の権利であるところ，強行規定の定める労働者の権利は，法律の定める労働条件の最低基準の一つであり，当該労働者個人のためだけではなく，労働者間の公正競争を実現し労働者全体の労働条件の引き上げのために規定されている。それゆえ，労働者が強行規定の定める労働者の権利を放棄する代わりに例えば賃金の引き上げを求めこれを合意することは，権利発生前後のいずれであっても，労働者相互間の公正競争の基盤を破壊するものとして許されない[47]。

したがって，<u>無期転換申込権の放棄・不行使の合意は，権利発生の前後のいずれであっても，労契法18条に反し無効である</u>[48]。

(2) 契約期間満了時を契約終了時とする解約合意　　当該契約期間満了時を契約終了時とする解約合意は，それだけで無効とする法的根拠はなく有効となりうる。しかし，有期労働契約は期間の満了により当然に終了するので，解約

---

47) 荒木尚志「有期労働契約法理における基本概念考」根本到ほか編『西谷敏先生古稀記念論文集　労働法と現代法の理論（上）』（日本評論社，2013年）412-413頁は，「強行規定によって与えられた権利を事後に放棄することが可能」と述べるが，支持できない。

　　この点につき，賃金請求権も意思表示の成立が厳格に解されるとはいえ放棄できると解されている（前掲注27）シンガー・ソーイング・メシーン・カムパニー事件最高裁判決）こととの整合性から，無期転換申込権放棄も可能との見解もある。私見では，賃金債権の放棄及び合意相殺も労基法24条1項の禁止の対象であり，同項但書所定の労使協定の締結がなければ同条違反で無効と解するが，同判決のように労基法24条1項は賃金債権の放棄を禁止していない（したがって賃金債権の放棄は強行法規違反ではない）と解すれば（同判決を労働者の自由意思による強行法規からの逸脱を認めるものと解する大内伸哉「労働契約における対等性の条件―私的自治と労働者保護」根本到ほか編『西谷敏先生古稀記念論文集　労働法と現代法の理論（上）』（日本評論社，2013年）416頁・421頁は支持できない），賃金請求権自体は「契約」に根拠を置くもので「強行規定」に根拠を置くものではないので，自由意思に基づく放棄は可能と解する余地はあろう。ただし，少なくとも，強行規定を根拠とする，最低賃金，休業手当，法定時間外・法定休日・深夜労働の割増賃金等の請求権の放棄は，当該強行規定に反し無効である。

48) 西谷敏『労働法〔第2版〕』（日本評論社，2013年）450頁等は「公序良俗違反」で無効とするが，強行法規である労契法18条違反とした方が良いように思われる。

合意により新たな法律効果が発生するわけではない。

そして，期間の満了又は解約合意により当該有期労働契約が終了しても，労契法18条所定の要件が充足されれば，新たな期間の定めのない労働契約が成立する。当該解約合意に無期転換申込権の放棄又は不行使合意が含まれていても無効である（→前記(1)）。したがって，当該解約合意は労契法18条の法的効力には何ら影響を及ぼさない。

3 労契法19条と申込権の放棄・不行使合意／不更新・更新限度合意

(1) 契約更新（締結）申込権の放棄・不行使合意の効力　労働者は，労契法19条に基づき，所定の期間内に行使し「有期労働契約の法的性質の要件」と「申込みの拒絶の違法性要件」が充足されれば，使用者の承諾がなくても「有期労働契約の更新又は締結」という法律効果が発生する，特別の「契約更新（締結）申込権」[49]を有する。

当該申込権を行使するかどうかは労働者の自由であるから，労働者が申込権を「結果として行使せず」，労働契約関係の終了を選択することはありうる。

それでは，労働者が，所定の期間経過前に，当該申込権を放棄し又はその不行使を使用者と合意した場合，当該放棄の意思表示又は不行使合意は有効か[50]。

第一に，申込権を行使するかどうかは労働者がその時の様々な状況を考慮して決定するもので事前の判断は困難であるところ，労契法19条は当該有期労働契約の期間満了後の相当な期間まで，労働者による申込権の行使を保障するものであるから，所定の期間経過前に放棄させることはできない[51]。

第二に，申込権の行使は労契法19条に基づく新たな有期労働契約の成立という法律効果の発生要件の一つであり，申込権の放棄又は不行使合意は実質的に労契法19条の適用を排除する意思表示・合意を意味するところ，労契法19条は

---

49) ただし，労契法18条所定の無期転換申込権とは異なり，客観的要件の充足により発生し，その行使により当然に新たな労働契約の成立という法律効果が発生する権利ではない。

50) 大内・前掲注42)「有期労働契約の不更新条項と雇止め制限法理」125-127頁は，労契法19条は半強行規定であり，労働組合の立会いや労働行政機関の関与の下での同意であれば放棄は可能とする。

51) 毛塚・前掲注46)論文23頁等。

シンポジウム（報告⑥）

当事者の意思により適用を排除できない強行規定である（→前記1(2)）。

第三に，申込権は，強行規定である労契法19条の定める労働者の権利である
ところ，強行規定の定める労働者の権利の放棄又は不行使の合意は無効である
（→前記2(1)）。

したがって，契約更新（締結）申込権の放棄又は不行使合意は，労契法19条
に反し無効である。

(2) 不更新・更新限度合意の意義と効力　　有期労働契約の不更新合意又は
更新限度合意の効力は，その前提として「合意」の意味する内容が問題となる[52]
ところ，現行法において想定しうるものとしては，前記(1)で検討した，契約更
新（締結）申込権の放棄・不行使合意の他，①当該契約期間満了時を契約終了
時とする解約合意，②事前の更新合意の解約合意，③労働契約更新の期待権・
期待利益の放棄，④当該契約期間満了時以降は契約を更新しないという「合
意」等がある。

第一に，当該契約期間満了時を契約終了時とする解約合意である場合，当該
合意は有効だが新たな法律効果は発生しない（→前記2(2)）。そして，労契法19[53]
条施行後は，期間の満了又は解約合意により当該有期労働契約が終了しても，
同条所定の要件を充足すれば新たな有期労働契約が成立する。当該解約合意に
同条の申込権の放棄又は不行使合意が含まれていても無効である（→前記(1)）。
したがって，当該解約合意は労契法19条の法的効力には何ら影響を及ぼさない。

第二に，事前の更新合意の解約合意である場合，当該解約合意は，更新合意[54]
に基づく契約更新を否定する法律効果を有するが，労契法19条施行後は，同条[55]
所定の要件を充足すれば新たな有期労働契約が成立するので，単に契約上の更

---

52)　次回以降は有期労働契約を更新しない旨の不更新条項，又は，更新限度（労働契約の通
　　算期間，更新回数等）条項記載の労働契約書に労働者に署名させる等して，その存在が主張
　　される場合が多い。

53)　橋本陽子「労働契約の期間」『講座労働法の再生　第2巻』（日本評論社，2017年）84頁
　　等。「契約期間満了時又は更新限度時を契約終了時とする解約合意」との解釈は困難との見
　　解として，戸谷義治「不更新条項に合意した有期労働者の雇止め」新・判例解説watch12号
　　（2013年）281頁，篠原・前掲注41)論文210頁，大内・前掲注42)「有期労働契約の不更新条
　　項と雇止め制限法理」120頁等があるが，当該解約合意をなすことは可能であろう。

新の効果を否定するだけであれば，労契法19条の法的効力には影響を及ぼさない。しかし，事前の更新合意が存在する場合は契約更新への合理的期待も発生しているから，その解約合意には労働契約更新への労働者の期待権・期待利益の放棄も含まれている場合が多いと思われるので，次に併せて検討する。

　第三に，労働契約更新の期待権・期待利益の放棄である場合，労契法19条施行前は，労働者の労働契約更新への期待権・期待利益は「労働契約上の権利又は利益」であるので，「自由な意思に基づく期待権・期待利益の放棄は有効」との見解もありえたかもしれない。しかし，少なくとも労契法19条施行後は，労働者の契約更新の期待権・期待利益は同条に基づく新たな有期労働契約の成立という法律効果の発生要件の一つであり，期待権・期待利益の放棄は，19条所定の申込権の放棄と同様，強行規定である19条の適用を実質的に排除する意思表示を意味する。したがって，期待権・期待利益の放棄は，期待権・期待利益の発生の前後のいずれも，労契法19条に反し無効である。

　第四に，契約を更新しないという「合意」である場合，「契約を更新しない」ということは，前記第二の事前の更新合意がある場合を除き，単なる事実であって法律行為ではなく，使用者が当該時期以降契約を更新しない旨を労働者に

---

54)　労働契約の更新という効果は，格別の意思表示のない限り契約を更新するという事前の契約当事者の合意（更新合意）によっても導かれる。労契法19条施行前の東芝柳町工場事件・最一小判昭49・7・22民集28巻5号927頁は，事前の更新合意により契約更新という法律効果を導いたと解される（川口美貴＝古川景一「労働契約終了法理の再構成」季労204号（2004年）34頁）。

55)　労契法19条施行前は，「解約合意の成立＝更新合意の消滅」により当事者の合意に基づく契約更新の効果が否定されると労働契約関係が終了するので，解約合意の成否が重要な論点であった。労契法19条施行前の事案で，解約合意の成立を肯定した裁判例として，近畿コカ・コーラボトリング事件・大阪地判平17・1・13労判893号150頁，渡辺工業事件・横浜地判平19・12・20労判966号21頁，同事件・東京高判平20・8・7労判966号13頁等。否定した裁判例として，ダイフク事件・名古屋地判平7・3・24労判678号47頁，東芝ライテック事件・横浜地判平25・4・25労判1075号14頁等。

56)　荒木・前掲注47)論文412-413頁及び同412頁注56)57)引用論文等。労契法19条施行前の事案で，期待権・期待利益の放棄・消滅を肯定した裁判例として，本田技研工業事件・東京地判平24・2・17労経速2140号3頁，同事件・東京高判平24・9・20労経速2162号3頁，富士通関西システムズ事件・大阪地判平24・3・30労判1093号82頁等。

通知してもそれは単なる「通知」で法律効果を生じさせる意思表示ではなく，「申込み」ではないから労働者の「承諾」もあり得ず，契約を更新しないという「合意」は，法律効果を生じさせる「合意」ではない。当該「合意」に労契法19条所定の申込権の放棄又は不行使合意が含まれていても無効であり（→前記(1)），期待権・期待利益の放棄が含まれていても無効である。

それゆえ，労働契約書に当該時期以降は契約を更新しない旨の記載があり労働者がこれに署名しても，それは単に，使用者が契約不更新・更新限度に関し通知し，労働者が当該通知を受けたことを確認しているにすぎない[57]。

以上をまとめると，労契法19条の適用において，不更新・更新限度「合意」が意味しうるのは，使用者が労働者に対し不更新・更新限度に関する通知を行ったという事実のみである（以下，「通知」と呼ぶ）。

(3) 「通知」と労契法19条１号・２号該当性

それでは，この「通知」は，当該有期労働契約の労契法19条１号又は２号該当性の判断にどのような影響を与えるであろうか。

第一に，労契法19条１号・２号該当性は，当該有期労働契約の更新時までの事情を考慮して判断されるところ，一旦，期間の定めのない労働契約と実質的に異ならない状態となるか又は契約更新についての合理的期待が発生すれば，一定期間の契約更新のみに対する合理的期待（例えば産休期間中の労働者の代替要員として採用された場合）を除き，その状態又は合理的期待が減殺・消滅することはないと解すべきである[58]・[59]。けだし，一旦そのような状態となれば，労働者は，労働契約の更新を前提として生活設計を行い転職を選択しなかったりするので，労働者の生活及び雇用の安定を図る必要があるからである。

---

57) 契約期間満了時を終了時とする解約合意は設定できないとの理由からであるが，同じ結論のものとして，戸谷・前掲注53）論文279頁，篠原・前掲注41）論文202頁等。

58) 契約更新限度を設定する方針の認識が雇用継続の合理的期待の発生後かどうかを意識して判断した裁判例として，北海道大学事件・札幌地判平25・8・23労判1099号83頁。

59) 無期労働契約と実質的に異ならない状態となるか又は契約更新についての合理的期待が発生した後の事情の変化（経営状態の悪化等）は，「申込みの拒絶の違法性要件（客観的に合理的な理由と社会通念上の相当性がないこと）」の判断において，人員削減の必要性等として考慮されるべきである。

労働契約終了と「合意」（川口）

　それゆえ，期間の定めのない労働契約と実質的に異ならない状態となるか又は契約更新についての合理的期待が発生した後の「通知」により，その状態又は合理的期待が減殺・消滅することはない[60]。

　第二に，労契法19条 1 号・ 2 号該当性の判断対象となる事実は，労契法18条施行後は同条の規制も考慮して画定されるべきである[61]。

　したがって，労契法18条施行後は，「通知」は，当該不更新又は更新限度設定の理由が同条の無期転換申込権の発生の回避を目的とするものであれば，労契法19条 1 号・ 2 号該当性の判断対象とする事実から除外すべきである。そして，使用者が当該不更新又は更新限度の合理的な理由（例えば当該期間のみの臨時的労働や休職者の代替要員であること等）を主張立証しなければ，当該「通知」は，無期転換申込権の発生の回避を目的とする通知と判断すべきであろう。

　以上をまとめると，「通知」は，①期間の定めのない労働契約と実質的に異ならない状態となるか又は契約更新についての合理的期待が発生する前になされ，かつ，②当該不更新・更新限度が労契法18条の無期転換申込権の発生の回避を目的とするものでない場合に限り，その後の使用者の言動や事情も含め，労契法19条 1 号・ 2 号該当性の判断要素の一つとして考慮されうる[62]。そして，場合により，使用者による雇止めの通知とも評価されよう。

60）　契約更新への合理的期待が発生した後の，契約不更新の通告等（雪印ビジネスサービス事件・浦和地川越支決平12・ 9 ・27労判802号63頁），不更新条項付労働契約書への労働者の署名・押印等（前掲注55）東芝ライテック事件），雇用不継続合意（報徳学園事件・神戸地尼崎支判平20・10・14労判974号25頁）により，合理的期待・期待利益の有無・消滅を判断する裁判例は支持できない。

61）　就業規則等の更新限度条項を問題とした，ダイキン工業事件・大阪地判平24・11・ 1 労判1070号142頁，福原学園事件・福岡地小倉支判平26・ 2 ・27労判1094号45頁，福岡高判平26・12・12労判1122号75頁，最一小判平28・12・ 1 労判1156号 5 頁は，労契法18条の施行前の事案である。

62）　就業規則の更新限度条項も同様に解すべきである。50歳不更新条項が就業規則に導入されたが当該労契法19条 2 号該当性を肯定した例として，市進事件・東京高判平27・12・ 3 労判1134号 5 頁。

シンポジウム（報告⑥）

Ⅳ　結　び

　以上述べたように，第一に，「解約合意」又は「辞職」という外形において，労働者が労働契約の終了を争う場合，労働者の意思表示の効力は，①意思表示の存在（成立要件）と②意思の自由（効力発生要件）が肯定される場合に，③その他の効力障害要件に該当しないこと等を要件として肯定され，①と②は使用者が証明責任を負うと解すべきである。なお，立法論的には，労働契約終了の意思表示の成立には書面を要求すること，労働者が意思表示を撤回しうる期間の設定，撤回可能期間経過後の労働契約終了の推定規定等の整備を検討し，労働者保護と労働契約終了の肯否の明確化を図るべきであろう。

　第二に，労契法18条・19条所定の申込権の「放棄・不行使合意」と有期労働契約の不更新・更新限度「合意」については，両条文は強行規定であるので，両条文所定の申込権の「放棄・不行使合意」は無効であり，不更新・更新限度「合意」は単なる「通知」として労契法19条１号・２号該当性の判断要素の一つとなる場合があるにすぎないことを確認すべきであろう。

（かわぐち　みき）

《シンポジウムの記録》
雇用社会の変容と労働契約終了の法理

1 雇用終了ルールの明確化とその紛争解決制度の課題

● 中小企業における解雇

中窪裕也（一橋大学，司会） それでは質疑応答に入ります。まず山下報告について，弁護士の安西会員から質問が出ています。配布レジュメには「使用者の営業の自由との関係で，解雇回避措置等の実施等において，企業規模が小さい場合，使用者に過度の負担を生じさせる場合，そこに一定の限度が伴うことになる」と書かれていますが，これを実証できる判例等がありますか。あれば教えてくださいとのことです。

補足として，「来年4月からの有期雇用の無期転換について，準備のない中小・零細企業が多いため，たとえ準備がなくても労働条件は変わらないのであるから，『只（ただ）無期』として転換すればよい，と指導をしていますが，その場合の不安は，将来の経営不振による整理解雇の問題です。これは，その場合の対応の指針になりますので，よろしくお願いします」ということが書かれています。安西会員，何か付け加えることはありますか？

安西愈（弁護士） 質問のとおりですが，特にここでこの解雇回避措置について一定の限度があると書かれている点ですが，

理論的にはそうかもしれないのですけれども，来年4月から，今言われましたように無期転換が始まるのに，ほとんどの中小・零細企業は準備していないのです。

このような状況で4月1日から第一号の無期転換者が出てくるわけですが，われわれは「労働条件がそのままなのだから，無期転換はしょうがない」と言うと，企業のほうは大抵，「いや，こないだのリーマンショックみたいなのになったらどうするんですか」と，こう言うのですよね。私は，「そのときはそのときで腹をくくりなさい」と言っているのですが，山下報告の言われるようなことであれば，中小零細企業ではそれが可能であることが実証できるということですので，よろしくお願いしたいと思います。

山下昇（九州大学） 私は，二つの例として，企業規模の小さい場合ということと，もう一つは負担がある場合というふうに挙げているのですが，後者の場合については具体的な事案というのがちょっと思い付きません。企業規模が小さい場合につきましては，最近の事案で挙げますと，海空運健康保険組合事件（東京高判平27・4・16労判1122号40頁）など15人規模の所でして，実際に仕事の能率が悪いという方がいて，その方の解雇については，「規模が小さいので仕方がない」という趣旨のことは

シンポジウムの記録

明確には言ってないのですが，15人規模の企業であるということを理由づけの一つに恐らく加えているのだろうと思います。

本当に小規模の事案も多分あるかとは思いますけれども，そうした形で客観的・合理的理由の認定の中で企業規模ということをそれなりに重視しているのではないかと思います。

それから，整理解雇という場面については，私は，今回あまり取り扱っていないので，先ほど柳澤会員にちょっとお知恵を拝借したというところでありますが，柳澤報告のレジュメにはPrincipleOne事件（東京地判平24・12・13判例集未掲載）というのが掲載されているかと思います。具体的な判旨までは口頭で申し上げられるほど覚えてないのですけれども，結局これも事業所規模が小さいということで，解雇回避措置については一定の限界があるという趣旨のことを述べています。ですので，やはり企業規模というのは，解雇の有効性判断においてそれなりの重要性があるのではないかと思います。

それから，具体的に企業規模が小さい場合ですと，能力が低いからといってしばらく訓練の期間をおくとか，それから具体的に業務量を大幅に軽減するという措置は，ほかの従業員に対する負担が単純に膨れ上がるという場合か，もしくは新たに別途従業員を採用しなければいけないということになりますので，それはやはり解雇回避措置としてそこまで要求されるかということになりますと，それは相当難しいのではないかと，個人的には考えています。

● 労契法16条との関係

中窪（司会）　次に，同じく山下報告について，弁護士の古川会員から質問が出ています。本日の報告中，Ⅱの「解雇の有効要件の明確化」で「客観的に合理的な理由」と「社会通念上の相当性」について論じられましたが，その射程距離は労契法16条の解釈に限定されるのか，それとも就業規則所定の解雇事由の解釈にも及ぶのでしょうか，というものです。

この質問理由として，少し長いですが，次のように書かれています。「1．労契法16条の原型である旧労基法18条の2が制定される過程で，(1)解雇に関する従前の判例法理は，①就業規則所定の解雇事由（解雇権行使要件）による規制，②昭和50年の日本食塩製造事件最高裁判決により形成された解雇権濫用法理の二つがあり，(2)労基法18条の2は②を立法化するものであって，①には影響しないとの確認答弁が衆議院でなされています」。

「2．労契法16条と就業規則の解雇事由等の関係については，次の三つの考え方があります。(1)就業規則の解雇事由に基づく規制は労契法16条に基づく規制に吸収された，(2)就業規則の解雇事由に基づく規制は労契法16条に基づく規制とは別に存在する」。後者はさらに二つに分かれ，「(2)-A　就業規則の解雇事由は客観的合理的理由のみを類型化して例示したもの，(2)-B　就業規則の解雇事由は客観的合理的理由だけでなく，社会的相当性の存在も内包している」となっています。

「3．山下報告は上記2-(1)の考え方を

前提としているのではないかとの疑問があり，質問します」ということです。

山下（九州大学）　非常に細かい点ですので，私はあまり深く考えたことがなかったというところもありますけれども，私自身は，今回は基本的に判例の分析を基に議論したわけです。実際の判例もそうなのですが，結局就業規則の文言自体を具体的に解釈する際に，こうした労契法16条の二つの考慮要素からアプローチをしていますので，就業規則を具体的に解釈する際にもやはり客観的・合理的理由だけではなくて，社会通念上の相当性の観点からも具体的な解釈をしているのではないかと考えています。

ですので，実際に16条の規範がありますけれども，別途使用者が自ら就業規則を制定している以上，当該就業規則にも当然解雇規制の内容が含まれていますので，そういう意味では就業規則の解雇事由に基づく規制は16条に基づく規制に吸収されたとは考えておりませんので，別途就業規則の規定は解雇の規制としてあり得ると考えています。

古川景一（弁護士）　ご指摘になっている判例の中で，労契法16条の問題として捉えているものと，それから就業規則の解釈の問題として捉えているものとが混在しているのではないでしょうか。この二つを区別しないで一緒くたに論じているものだから分からなくなってしまっている。判例を整理するのであれば，それは16条の適用問題なのか就業規則の適用問題なのか，それともそれは全部一体のものなのか，ここ

をはっきりさせていただかないと，議論の射程距離がよく見えない。で，質問をしました。

山下（九州大学）　申し訳ありません。そこまで意識して分析をしていませんでしたので，もう一度判例の整理をする際に指摘していただいた点を含めて整理し直して学会誌のほうで書く際には，その点を留意して記載したいと思います。

● 解雇ルールのガイドライン

中窪（司会）　次に，弁護士の塩見会員より，山下報告に対して質問が出されています。レジュメの中で，ガイドラインをもって一定の法的判断を予測させ，労使に行為規範として認識され得ると述べていることについて，「非正規雇用の場合，現在の裁判所の態度からすれば，法的判断を行えば全く救済されない事例が非常に多い。法的判断を予測させることは，特別な立法でもない限り，かえって非正規雇用労働者の雇用終了が全く救済されないことになるのではないか？」というものです。

山下（九州大学）　そういう現実があるのかもしれませんけれども，私が懸念していますのは，ガイドラインを作るということになりますと，ルールが明確になるということで，二つの側面が出てくるだろうと思います。一つは，私の報告で指摘したように，それによって一定の手順を踏めば解雇が有効になってしまうという意味では，解雇をむしろ誘発してしまうのではないかという懸念があります。

もう一つの側面は，これは言い方がちょ

っと変ですけれども，ブラックボックス化していることによって，使用者としても，おっかなくて解雇できないという，解雇のブラックボックス化が持つ解雇の抑制効果というものが恐らくこれまであったのかもしれないと思います。恐らく後者の点を塩見会員は若干違う形でご指摘なさったのかと思いますが，そういう意味では確かに明確化することによって，使用者としては解雇に踏み切りやすくなってしまうというようなことになろうかと思います。

ただ一方では，それでもなお，私は個人的に労働局であっせんの委員をやっている関係で，今日のような報告になったわけですけれども，あっせんに関わっておりますと，裁判や労働審判では救済されるのではないかと思われるような事案でも，やはり結局，当事者が合意できないということがあります。当該事案の労働者は，恐らく労働審判とか裁判とかには行かないだろうなというような状況もありますので，その意味ではもう少し明確化することによって，そういうあっせんの場で救済される機会が増えるのではないかということで，今日の報告をしたということになります。

塩見卓也（弁護士） 私が想定したのは主に派遣労働者でして，派遣労働者は，現在では労働者派遣法第40条の6がありますが，その適用可能性がない限りは派遣先に責任を取ってもらって救済されるという道はほぼないという状態です。派遣元に対する請求でも，期間途中の解雇であれば勝っている事例がありますが，期間満了であれば，伊予銀行・いよぎんスタッフサービ

ス事件（最二小決平21・3・27労判991号14頁）のような事件を見れば十数年働いていたとしても全く救済されないという状況です。

あっせんあるいは調停の手続というのは，その辺りを曖昧にしながら，十何年も働いていたのだから少しぐらい補償しろよ，という，そんな感じの解決があり得ます。われわれ弁護士から見たら，本気で裁判するとなかなかしんどいけど，あっせんや調停の手続であれば頑張りましょうということが言いやすくなるわけです。ところが，そういうところを明確にされてしまうと，かえってその道もふさがれてしまうというところを懸念しているという，そういう質問でした。

山下（九州大学） ありがとうございます。今，ご説明を伺いまして，そういうことかということで納得しました。確かにそういう側面があるかと思います。やはりガイドライン化のメリット・デメリットはそれぞれどのくらいあるかという程度の問題とは違って，本来，法律上のルールというのは，曖昧なよりは明確化したほうがいいだろうという基本的な価値判断のもとでメリット・デメリットもあるということも踏まえてご報告をさせていただいたということになります。

中窪（司会） 先ほど，報告者グループでこの質問用紙を見ながら，非正規雇用の場合，法的判断を行えば全く救済されないというのはどういうことだろうと話をしていたのですが，今，派遣の伊予銀行事件のようなことを考えられたということが分

かりました。そういう意味では，少々特殊なケースかなという気もしまして，非正規雇用と言っても全てが救済されないわけではないと思います。

● 解雇規制のルール化をめぐって

中窪（司会） それでは続いて，弁護士で関西学院大の豊川会員からの質問です。解雇規制の「ルール化」か，「解雇のルール化」なのでしょうか。今日の企業で進んでいる競争主義，自己責任強化の中で「包摂か排除か」が問われているのではないでしょうか，というものです。これはどういうことか，もう少し説明していただいたほうがいいような気がします。

豊川義明（関西学院大学） 野田会員の基調報告で，雇用社会の変容と労働契約終了の法理について「３つの視角」というように整理されているわけですが，私自身は，どんな変容があるのかということについて，むしろ雇用管理の個別化，それから労働組合の弱体化，そういう状況のもとで個々の労働者に対して非常に厳しい状況が進んでいると思っております。

例えば，電通過労死事件（東京簡判平29・10・6）の高橋まつりさんのメモによると，働くことも苦しい，生きることも苦しい，こういう状況に置かれているわけです。そういう点から言うと，直接労働契約終了の法理ということではないかも分かりませんけれども，野田会員が「３つの視角」と言われましたけれども，まさしく，「成績が良くない，だから自己責任であって，そして排除するんだよ」ということではなくて，

やはり企業の中で教育もし，研修もして，働くことが意義のあるという方向に向けての議論も大事ではないかなと思い，野田会員にその点，言うまでもないことだと思いますけれども，少し質問した次第です。

中窪（司会） 山下会員にまず話していただいて，野田会員に補足してもらうということでよろしいでしょうか。

豊川（関西学院大学） はい，結構です。そうしてください。

山下（九州大学） 私はそれほど深く考えてはいません。解雇規制のルール化か解雇のルール化かということであれば，私は解雇規制をいかにルール化していくという趣旨で報告をしました。それから，包摂か排除かということで言うと，本来これまでの解雇権濫用法理というのは，どちらかというと包摂ということを念頭に置いて，いかにして労働市場に排出しないかというような形で，企業内で教育できるのであれば最大限努力しなさいというのが解雇権濫用法理だったと理解をしています。

その意味では，排除のためのルールとして，今のところ労契法16条の趣旨を理解すべきではないと思っています。ただ，今後，企業の行動として，野田会員の報告にあったように，いかにして法的に正当な形で排除していくかという動きが出てくる可能性はあります。そういったところで，既存のルールを明確化はするけれども緩やかにはしない，というように考えています。

野田進（司会） 私たちの今日の報告もそうですが，他の方の書いた論文でも枕ことばみたいに「グローバリゼーションと

IT化の中での雇用社会の変容」というようなことが言われています。それは全く間違いではないですし、だんだん本当にそうなっているということを日本の雇用社会でも感じなければならない、そういう状況に来ているのではないかと思うのです。

日本では、いざなぎ景気以来の成長が続いているなどと言われたり、人手不足で学生の就職が非常にうまくいっているということが喧伝されたりしますけれども、人手不足なのに賃金は上がっていない。むしろ、豊川会員がおっしゃったように、厳しい労働条件が若い人にも課されている状況はしっかりつかみ取らなければいけないと思うわけですね。

そういう労働条件あるいは雇用も含めて世界的に非常に厳しい状況になっているというのは、たまたま日本の雇用状況は今、ある程度維持されていますけれども、恐らく今後そうはいかないだろうという気もして、そういう状況で考えていかなければいけないと思っています。

例えばですけれども、フランスでは今年から大統領が代わって、新たに8月から9月にかけて高い支持率を背景にオルドナンスをつくっていっています。これにより恐らく1970年代以降にフランス社会が作り上げてきた解雇法制が、がらがらと崩れていると言っていいと思います。私は先月インタビューに行ってフランスの先生たちに聞いてきたのですけれども、解雇保護法制が失われるような状況が将来にはスタンダードになるかもしれない、というようなことまで言われるわけですね。

それは、グローバリゼーションとIT化の中で、ヨーロッパでは特に、財政規律を守るために企業の成長率を上げなければいけないという状況で、これまでの保護法制を維持できないという状況があります。それは、どの政党であれ、政府としてはユーロという統一通貨を守ることが不可欠であるということです。財政規律を維持するということが最大の課題になっていますが、広く言えば、グローバリゼーションの中で企業の営業利益を上げていかなければいけない、国際競争に勝たなければいけないということです。そういう非常に具体的な課題の中でグローバリゼーションとIT化というのが雇用社会に大きな影響を与えているということが言えようかと思います。

そして、さらにこの国で言われたのは、大企業にとって法改正はどちらにしろあまり影響は受けない。むしろ中小・零細企業で、営業利益を確保するために、リストラを推進しつつ、人件費を減らしたり人を減らしたりすることを確実に認めないとやっていけないという切実感があります。そのために、解雇の確実化(安全化)といった法改正が動いているということだろうと思うのですね。でも、広く見てみれば、これは別にフランスだけの問題ではなく他のヨーロッパ諸国もそうですし、東アジアでは韓国も同じような問題を抱えているようです。韓国の場合には若者の失業率というのが非常に高いということもあって、日本以上にもっと深刻な状況だろうと思います。

一方日本では、とりわけ中小・零細企業の中でだんだんそういう問題が現実化して

くるというところがあります。おっしゃるように，業務への対応に対して汎用性が低くなった中高年労働者などをいかに戦力化し，または戦力外として放逐するかという問題が深刻になり，とりわけ中小企業ではもう抱えきれないということもあって解雇の影響が出てきて「放逐」のほうに影響が出てくるということにならざるを得ないと思うのです。

私たち法律の研究者の態度としては，実務家ではないのですから，企業と労働者のどちらかを守るということではないような議論をしなければいけないと思うので申し訳ないですけれども，企業も好きでやっているわけではなく，企業として，とりわけ中小・零細企業として生き残るためには，人件費を節減して，できるだけ若い優秀な人を集めて企業を成長させていきたいというので，背に腹を代えられないでやるというところはあると思います。

しかし一方で，労働者の方についても，これまでの私たちが作り上げた法理というものをどこまで維持しつつ，かつ，新しい保護法理を構築していくという形で，新しい雇用社会の中での雇用問題について制御を図っていくということが重要な課題であると思っているわけです。そういう趣旨でこういう報告をさせていただいたということです。

中窪（司会）　こういう壮大な話は最後に残しておきたかったところですけれど，少し早めに出てきてしまいました。今回の報告は，このような問題意識があってやっているということを確認する意味では，良

かったと思います。終わりのところでまた大きな議論ができればと思います。

2　労働者の能力・適正評価と雇用終了法理

● AI について論じる意義

中窪（司会）　それでは続いて，冀会員の報告に移ります。まず，JILPT の濱口会員から質問が出ています。山下報告にもあるように，職務無限定から「能力・適性」が限りなく「態度・行為」に接近していく雇用社会において，日本型雇用をディープ・ラーニングした AI による HR テックは必ずしも"能力評価"の客観化ではなく，むしろ"態度""人格"評価の客観化（＝排除されるべき"人格"選定の客観的合理化）をもたらし得るのではないか，というもので，「コンピテンシー概念の両義性」とも書かれています。濱口会員，補足をいただけますか。

濱口桂一郎（労働政策研究・研修機構）
今，中窪会員に読んでいただいたとおりですが，主観的と客観的というのは二つあって，判断要素が主観的か客観的かという話と，それを判断する手段・方法が主観的か客観的かという二つの軸があると思います。冀会員の報告は，両方まとめて，より客観的な方向にというスタンスを示されたと思います。しかし，日本の雇用システムにおいてなぜ主観的な要素による判断を重視するようになってきたかというと，恐らく日本の労働者自身が客観的な要素で判断されることを嫌がったからではないかと考

えられます。

しかも，AIには人間が直感でしか言えなかったようなことを分析的に示すという能力があることを考えると，これまでは「おまえのその態度が気に食わないんだ」としか言えなかったことを緻密に分析してしまい，それを正当化しかねません。「コンピテンシー概念の両義性」と言ったのは，本来は高い成果を上げ得る性格（キャラクター）とかパーソナリティーという意味なのですが，それが例えば協調性があるといったような極めて主観的な要素について，その主観性というものを維持したまま手法だけがどんどん客観化していくのではないか，ということです。言い換えれば，いかにおまえが駄目なやつかということが極めて客観的，緻密に分析されてしまうという，ある意味で恐ろしいことになるのではないかと危惧します。そういうことを龔会員の話を伺いながら感じましたので，ご意見を伺えればと思います。

中窪（司会） 今の濱口会員の質問の最後に，「これは整理解雇の人選基準の客観化においてもあり得るのでは？→柳澤報告」とも書かれていますので，柳澤会員にも合わせて答えていただきたいと思います。

龔敏（久留米大学） ご質問いただいた件ですけれども，AIの活用はあくまでも一つのツールにすぎませんから，その活用の仕方によって確かに濱口会員が懸念されているように，日本型雇用における慣行とかをディープ・ラーニングして，むしろ態度とか人格とかを理由とする選定基準をも客観化してしまうという可能性がありま

す。まさにご指摘のとおりだと思います。

この点については，特に私が懸念しているところでもあります。もしかして誤解を与えてしまったのかもしれませんが，一番懸念しているところはここだと思っています。つまり，本当は主観的なところなのに，それを技術とかデータという裏付けを付けると，ものすごく客観的に感じ取られてしまう。しかも，人間としてはそれに反論しようとしてもなかなかタッチできない部分がありますので，それは恐ろしいのではないか，というのが本報告の主旨の一つです。

では，ここをどう克服すればいいのかという話になりますが，色々な方法があると思います。極端な話ですと，例えばAI技術を活用しないというのもあり得ます。現に「われわれはAI技術の発展で本当に幸せになれるのか」といった議論もありますから，労働法によって人事業務でのAI活用を止めさせるという方法も当然あり得るでしょう。しかし，それは現実的なものとは考えられません。結局，どう活用するかというところで法的規制を及ぼすというのが，難しいとは思いますけど一番理想ではないかなと思います。

そこで，試論として労働契約における能力適性の明示義務を提唱した次第です。つまり，態度とか人格とか協調性というものが職務能力に関連する評価をする際に考慮する必要があるかどうかは，会社の社内文化や，その労働者が従事している仕事の中身によって変わってきます。例えば，営業職とかは特にコミュニケーション能力とかが必要ですし，あと，企業の社内文化によ

ってそれが非常に大事だということもあります。しかし，それを労働契約終了の段階になっていきなり言い出すのではなく，締結段階からそれをきちんと検討し，労働者に明示する必要があると考えます。

柳澤武（名城大学）　ご質問について確認しておきたいのですが，「態度・行為に接近していく」というふうにおっしゃっているのは，そういう方向に日本が向かうと考えておられるのか，あるいは接近してきたという趣旨でお書きになられたのかということです。

濱口（労働政策研究・研修機構）　これまではそうだったし，これからもそうあり続けるかもしれないということを前提として，その手法がAIの活用によって客観化されていけばこういう形になるのではないか，という趣旨です。

柳澤（名城大学）　他の質問でも主観と客観の話は出ているのですが，本報告では，そもそも態度や行為を用いた人選については，具体性や客観性，とりわけ客観的な業務上の必要性が乏しいため，人選基準としては認めがたいと，まずこういったスタンスを前提にしています。

そこで，AIを用いる場合においても，理想としては可能な限り職務に対する能力だとか適性とかをデータとして与えるべきだろうと考えます。ただ，それを法的に強制することは難しいですし，あるいはそれを後から検証することは非常に困難なのではないかと思われます。従って，そういった能力や適性が担保されているかという審査は，雇用終了における人選法理では社会

的相当性という形で問われざるを得ないのではないかと提案したわけです。ご質問にあった主観を含んだ客観化の危惧に対しては，このような手法に依ることになるのではないかと考えています。

濱口（労働政策研究・研修機構）　今までであれば，主観的な要素だから，検証の仕方も主観的にならざるを得なかった。例えば，態度が悪いとか，不満とか顔つきが気に食わないのだというような話だと今までなら客観性に欠けるとして人選基準としては認めがたいとされていたけれども，今後はそれがAIで緻密に分析され，こんな一挙手一投足が会社の業績にマイナスの影響を及ぼすようなキャラクターなのだ，パーソナリティーなのだ，というふうになっていく可能性はないとは言えません。もしかしたらAIの本当の恐ろしさとは，そこにあるのかもしれないなという，夢物語であるかもしれませんが，悪夢かも知れないということで，指摘させていただいたという趣旨です。

一点だけ付け加えると，野田報告の最初のところで「本日は取り扱わない」と言われた障害の話と，これはつながってくるかもしれません。つまり，障害とまでいかないまでも，この人のこういうパーソナリティーが実は会社の業績に影響していたのだということについてAIが何らかの客観的な証明をしてしまうという未来の姿があったときに，それに対して労働法はいったいどういうふうにレスポンスをするのだろうかということも，もしかしたら今後考えていかなければいけないかもしれないなとい

シンポジウムの記録

う，半ば夢物語なのですが，心に留めていただければという趣旨で質問させていただきました。

柳澤（名城大学）　いいえ，それは夢物語ではなくて，HR テックの先進国アメリカでは，まさに今おっしゃった態度や行為を採用のときにどうやって点数化していくか，その点数配分が果たして妥当なのかという議論が既に起こっています。そこで，そのような方法は特定のグループに不利益を与えるとして，採用についての雇用差別訴訟がむしろ増えるのではないか，あるいは逆に主観が排除されるので減るのではないか，といったことも争点となっています。もっとも，そのような手法を，採用ではなく，解雇の場面で用いるときは，またもう少し違った議論になってくるのではと思います。いずれにしましても，主観と客観をどう考えるかは日本でも喫緊の課題ではないかと捉えています。

中窪（司会）　柳澤会員も，こういうAI に対しては間接差別の法理を活用すべきではないかとおっしゃっていました。いろいろなアプローチがあるのでしょうが，フェアネスの観点からそういうバイアスを修正させる法理が，やはり要求されているのではないかという気がしますね。

● AI による評価の検証方法

中窪（司会）　続いて，弁護士の倉重会員から質問が出ています。「AI やビッグデータの活用は能力，適性評価の表面的適正性のみで雇用終了が正当化されるのではないか？」とのことですが，ここで言う

AI，ビッグデータとはどのようなシステムを念頭に置いているのでしょうか。ブラックボックス化とのことですが，AI が当該判断を行ったプロセスが明らかであれば，アルゴリズムまでは分からずとも，具体的エピソードを検証可能なので，ブラックボックス化しないと考えられますが，いかがでしょうか，という質問です。それともう１枚，同じく倉重会員から，「HR テックについて，客観性が高いとのことですが，それはアルゴリズム次第ではないでしょうか。AI の評価の前提事実が主観的である場合か，そもそも判断基準が不明であると思います。もちろん，アルゴリズムの全てを理解する必要はないし，それは不可能だと思いますが，AI の判断過程を検証する努力が必要と考えますが，いかがでしょうか」，という質問をいただいています。

倉重公太朗（弁護士）　ちょっとだけ補足させてください。HR テックに関してですが，今すでにあるシステムとして，例えばメールのデータベースを大量に分析して，そこから態度の読み取りであるとか，あるいは年次評価というものを積み上げていった中で，それを一定期間置いたものを評価するであるとか，ある程度基となっている事実それ自体は，客観的かもしれませんし，単なる使用者が行った評価であるとすれば，それは主観というふうに捉えられるかもしれない。けれども，それを分析したアルゴリズムは主観なのか客観なのかというのは先ほどから問題になっていると思います。報告者の皆さんが前提とされているAI というものは，どういったものを念

頭に置いてお話しされてますでしょうかという質問です。

龔（久留米大学） 倉重会員のご質問というのは，AIとかビッグデータに基づく判断プロセスが明白であればエピソードを検証することができますので，私が申し上げたようにブラックボックス化するという悲観的な評価を与えなくてもいいのではないかという趣旨だと，私は理解しました。

この点，私が報告でも少し触れましたが，AIとかビッグデータのシステムについて，まさに今ご説明があったように色んな使い方があって，例えばその企業の中のさまざまな人事データを収集してクラウド管理をして，AIを用いて最終的にこれが最適な配属ですよとか，そういった運用を提示することがあります。

今は採用とかに使われることが多くて，離職者の防止といったところで使われているのですが，そこでAIが過去のデータを分析処理して結論を出しているということを考えると，確率的に言えば人間より客観的になりがちであり，一定の価値が期待できるため，限定された意味での客観化が認められると思います。

しかし他方で，多くの人が懸念しているように，AIやビッグデータが導き出した結論に無防備に従うということですと，AIとビッグデータにより支配されてしまった社会になる危険性もあるような気がします。例えば，離職リスクが高い労働者を割り出して対策を取るという企業が今あるのですが，それを評価に使って，この人は活性度が低いということで低く評価したと

きに，果たしてその結論と内容をわれわれは否定することができるでしょうか，という非常に大きな懸念もあります。

分かりやすい例を挙げると，例えば今，アマゾンで買い物をするときに私はよく労働法の本を検索しますから，リコメンドシステムで労働法の新しい本を推薦されます。それはすごく助かりますけど，しかし，この話を野田会員にしますと，野田会員は，いつもご自身が執筆された本ばかり出てくるから困る，「あほらしい」というふうにおっしゃっていましたように，そうでない場合もあります。

要するに，ビッグデータ，ディープ・ラーニング，AIを活用して作り出される基準は，われわれが大切にしている法的な理念や価値に本当に合致するかという問題があるように思います。合致しない場合でも簡単にはタッチすることができないじゃないかという危機感を抱いています。そういう意味では，これらの基準は聖域化あるいはブラックボックス化しやすいと考えます。

柳澤（名城大学） 何の学会か分からなくなってきますけれど，アルゴリズムには大きく2種類の手法があると思います。ビッグデータを用いて確率統計的なアプローチによってデータマイニングを行うような場合は，先ほどのアマゾンの例にもあったリコメンドシステムと近いです。それよりも一歩踏み込んだ，濱口会員が質問された深層学習（ディープ・ラーニング）を使った場合には，脳をエミュレーション（再現）するという手法に近接していって，

シンポジウムの記録

極端な話，身体がなくても人格が宿るという説（パターン本性論）もあります。そういった場合，果たして主観や人格をどう考えるかという問題も生じるので，それらも若干視野に含めて報告させていただきました。

アルゴリズムの判断過程を検証する努力というのはもちろん必要だと思います。採用する手法によっては，むしろAIの判断過程のほうが見えやすいかもしれませんので，ご指摘の点はそのとおりです。

だからこそ，強調しておきたいのは，AIのみによる人事なのか，あるいは，AIのアドバイスを参考にしつつ，社会的相当性や多様性などを熟慮した人間の判断による人事かどうかに帰着するのではないかと思われます。以上です。

中窪（司会）　倉重会員，よろしいでしょうか。

倉重（弁護士）　まさにおっしゃったように，「AI様がこう言っているから」ではなくて，最後に判断するのは人間だと思います。AIのメリットというのは，検証もスムーズに，客観的にでき得るところだと思うのです。逆に作る側，利用する側も検証するということを意識して使わないといけないだろうなとずっと思っていたものですから，質問させていただきました。

● 能力適性評価の法的審査

中窪（司会）　続いて，豊川会員から龔報告に対して質問が出ています。適正評価審査（PIP）について，評価結果の「適正」妥当性の内容はどのように考えられて

いますか，という短いものですが，少し補足していただけますか？

豊川（関西学院大学）　非常にチャレンジングな報告をいただいたものですが，この能力適性評価の法的審査について考えるときに「明示義務」というものを入れるということであるならば，それに対する，言うならば具体的な検証とか，あるいはフィードバックとか，あるいは弁明とかそういうものも法的審査の中に入れないと，これはなかなか大変なことになるのではないかなと今思いました。

それから，龔会員自身の報告の中にありましたように，労働契約の債務の本旨に従ったといったときに，明示すればそれが債務の本旨だということになるでしょうけれども，一般的に労働契約を見れば，それは平均的な，あるいは中程度の，中等質の労働力を提供すればいいわけであって，それ以上は明示ということになった場合にいわゆる新規採用，4月採用という形でこうやっている日本の雇用慣行の中で，これの果たして妥当性とか，あるいは相当性というところも含めて問題が出てくるのではないかと今考えていますが，どうでしょうか。

龔（久留米大学）　私の報告の非常に弱いところを，ずばりおっしゃっていただきました。私が今の段階で答えられる部分だけ申し上げます。まず2点目ですけれども，能力・適性を明示することは，日本の雇用慣行の中で妥当ではない，あるいは現実的ではないというのが一般的な考え方だと思います。しかし，私の認識として二つのことを指摘させていただきたいと思いま

す。一つは日本型雇用のあり方が少しずつですが変わりつつある，あるいは変わらないといけないという状況に置かれていることです。もう一つは，報告で申し上げたように，AIの活用によって労働者の能力，適性をある程度一定の科学的な方法によって把握することも可能になったことです。

これらが正しいということを前提に議論を進めれば，一定の能力・適性，あるいは企業のデータの分析によって，この企業の中に実はこのような人材の不足があるとか，来年からはこういう人に絞って採ろうとか，そういうこともできるようになります。日本型雇用の中でもこれは特に問題ないというのが，私の考え方です。

1点目については，重要なご指摘だと思います。これからの課題として検討を続けたいと思います。

また，債務の本旨に関連するところは本当に難しいのですが，能力と適性を明示すれば，労働契約の債務の本旨の内容を特定できるかといいますと，多分そこまで100％はできないと思います。ただ，債務の本旨にはどんなものが含まれているのかさっぱり分からないという状況では，雇用終了のプロセスに入ってから，あるいはその意思がいったん使用者の心の中で形成されたあとに，「あなたはこういうところが足りないよ」というふうに適性に関して言われるのは，労働契約論からいうとフェアではないというのが私の考えです。

豊川（関西学院大学） 雇用の終了の場面だけではなくて，例えばPIPの関係で降任の処分をした場合です。そういう事案があったのですが，その時々に注意とか，あるいは指導とか，教示というものがなくて，それで「君は駄目だよ」というのが私の担当した事件でした。そうすると，労働者の側から見た場合に，果たしてこれで公正なものなのか，あるいは納得できるものなのかというのがどうしてもあるわけで，そういう点も含めてプロセス全体の中で労働者の釈明，あるいは手続的な保障と言いますか，そういうものが入ってこないと，単なる前の段階の明示だけの問題では法的審査という点から見ても不十分ではないかと思いました。

龔（久留米大学） まさにおっしゃるとおりだと思います。私が試論として述べた能力・適性明示義務で問題を全て解決できるとは思っていません。豊川会員がおっしゃるとおり，PIPの手続的な規制も含めて，PIPそのものに対する法的審査のあり方を検討することは非常に大事だと考えています。

中窪（司会） 龔会員の報告は，今までの雇用の中でも散発的に出てきているものを，情報明示義務という形で再構成し，それを採用の段階から一貫して適正化していこう，今までは「中ぐらい」であれば何となく大丈夫でしょうという感じだったのを，より透明にして合理化しようという，積極的な方向での試みだったと思います。

それで，今のご質問は，龔報告で出てきた「予想される批判」の第1点のほうに関わっていたと思いますが，第2点目についても岩手大学の河合会員から質問が出ています。労働契約における能力，適性明示義

務に対する予想される批判の2点目，「労働者保護の視点からの懸念」につき，「答え」として，企業競争力の低下や日本経済全体に負の影響を及ぼす，労働者にとっても将来のキャリア形成の機会を失うといったことが挙げられています。

しかし，本シンポジウムが，成長戦略の展開下での雇用終了に，とりわけ労働者保護の視点から批判的に検討する趣旨に立つのであるならば，上記の「答え」はまさに成長戦略の中で展開されている解雇規制緩和論からの主張そのものでしかなく，仮にそれらの中に正しい指摘が含まれていたとしても，労働者保護の視点の後退を正当化する根拠としてここで挙げるのは適切ではないように思われますが，いかがでしょうか，ということです。

龔（久留米大学） 河合会員が指摘されましたように，成長戦略の中で言っていることは，仮に正しい指摘が含まれていたとしても，結局は労働者保護の視点の後退を正当化する根拠になってしまうと私も思っています。

ただ，成長戦略の中で指摘されている問題点はかなり実在していると言わざるを得ません。特にグローバル化の中で企業が直面している環境や労働者の雇用環境は大きく変わっていますので，それによって今後労働者の保護のあり方も変わらざるを得ないと考えています。雇用の保障を重視するという従来のやり方でいいかという疑問を自分では強く持っています。そういう意味で，労働者が将来のキャリア形成の機会を失う等のことについて触れました。

ただ，ご指摘にあったように，無防備にこういう表現を根拠として使うと誤解を与えてしまう可能性がありますので，論文を書くときには気を付けたいと思います。

中窪（司会） 先ほどのプラス面のいわば裏側で，表現の仕方として若干刺激的なところがあったかもしれませんが，それも含めて全体を労働契約の観点から合理化する，透明化するという趣旨かと思います。龔会員について出されている質問は以上です。

3　雇用終了における人選基準法理

● 解雇の必要性と社会的相当性

中窪（司会） 柳澤報告について，もう1枚，豊川会員から質問が二つ出ています。一つ目は「客観的・具体的な業務上の必要性」は整理解雇の必要性ではありませんか，というものです。それから，二つ目は「社会的相当性の位置について」で終わっていますが，これは……。

豊川（関西学院大学） これまで，整理解雇の4要件，4要素にしても，客観的合理性なり社会通念上相当性という労働契約法のいわゆる要件のどこにどう入るのかということは，あまり議論されてこなかったと思います。

そういう点から言うと，私は，社会的相当性について，むしろ，個別企業だけではなくて，産業とか，あるいはもう少し広い所から問題を見るべきものだと考えています。ですから，必要性にも関わるでしょうし，あるいはまた手続的要件という形にも

関わると思いますが，その点は，柳澤会員の今度のレジュメを見ると，社会的相当性というものを固有に採り上げていますので，この位置も含めて簡単に意見をお聞きしたいなと思いました。

柳澤（名城大学）　最初のご質問ですけれども，「業務上の必要性は整理解雇の必要性ではありませんか」というのは，「第1要件の人員整理の必要性ではないのか」という趣旨でよろしいでしょうか。

豊川（関西学院大学）　はい。

柳澤（名城大学）　実は，本報告の前半部分のベースとなるような論文（本誌・柳澤論文注5）参照）を2015年に発表した際に，本学会の会員から，今日の豊川会員と全く同じご指摘をいただいており（緒方桂子ほか「労働法理論の現在」日本労働研究雑誌680号（2017年）10頁［富永発言］），この点は誤解がされがちなのに説明不足で申し訳ありませんでした。

第1要件の人員削減の必要性（業務上の必要性）については，あくまで企業全体の観点から，例えば，部門を削除するとか，企業規模を半分に縮小するといった視点，いわばマクロ的な視点が，まさに「人員削減の」必要性だと思います。ところが，第3要件としての，今回の報告で用いた「人員整理基準における業務上の必要性」というのは，具体的に誰を選ぶかというミクロ的な視点です。

今日，幾つか示しましたように，被解雇者に選ばれた労働者について，その職務に就いていることが業務上の必要性から人選の理由とできるかとか，協調性が欠如して

いることで客観的な業務上の影響があるのかといった観点から，これらを第3要件として判断すべきだという文脈で用いています。よって，言葉は非常に似ていますが，異なる概念として用いています。

2点目については，前提として，社会的相当性というのは，「労働契約法16条」における，という意味でおっしゃったと思います。確かに，社会的相当性の概念自体は16条から出発するものと言えるかもしれませんけれども，本報告で用いている社会的相当性は，16条で言うところの，解雇の理由が権利濫用に該当するか否かという意味での社会的相当性とは異なるものだと位置づけています。よって，どこの部分が16条のどこに該当するという観点から捉えているわけではありません。

説得力があったかどうか分かりませんが，今日の報告の中では，労契法16条だけではなくて，山下報告でも言及されたような，憲法的な規範や人格的利益の保護によって基礎づけようとしたのは，そういう趣旨です。

● 労使間のリスク配分

中窪（司会）　質問票としては以上ですが，柳澤会員の報告について，他にこの場でどなたかいらっしゃいますか。

毛塚勝利（法政大学）　整理解雇の問題を扱うときの核心的問題は企業経営悪化時のリスク配分の問題だと思います。一つは，労使間のリスクの配分です。要するに，経営が悪くなり事業を縮小しなければならないときに，労働者と使用者でどうリスク

を公平に配分するかです。二つ目は、これはもっと重要ですが、労働者間においてどう公平にリスクを配分するか。そのリスク配分法理を考えるのが、整理解雇の問題です。

今日のお話を伺っていると、この二つの、前者はあったかもしれませんが、少なくとも労働者間における利害の調整やリスクの配分について明確な基準を立てることなく、例えば、差別的な規範に抵触するものを排除しましょうと議論されているようにみえました。希望とすれば、明確な労働者間のリスク配分の基準をまず立ててから各論をやっていただきたかった。

中窪（司会）　柳澤会員、いかがですか。

柳澤（名城大学）　ご指摘ありがとうございます。労働者間にどのようなリスクを配分するのかという視点からは、確かに、本報告には、そのような部分が薄かったし、あるいは抜けていると考えられたかもしれません。

もし、労働者間のリスク配分という視点を突き詰めると、今日少しお話した、個々の労働者が受ける不利益とか、そういった個別事情を重視するという方向性になるのではないかと思います。

ただ、今回の報告は、それを、あえてと言うと怒られるかもしれませんが、今日のサブタイトルにもありますように、個別事情を重視したリスク配分を行うと、なぜ自分なのか、なぜ他人ではないのかというところに関わってきて、より深刻な労労対立を生む危険性があるのではということを意

識しておりました。

それでもなお、今、ご指摘のところを考察すべきだというのであれば、さらに踏み込んで考えたいと思います。ありがとうございました。

4　雇用終了過程における 説明・協議義務

● 現実社会における解雇の実態

野田（司会）　それでは、司会を交代して案内します。所報告については、まず、安西愈会員から質問が出ています。「事前対話、事前面談、解雇を背景に事前警告、指導注意、これらの手続的要素は賛成です。しかし、このような対話がきちんとできる労働者であれば、勤務成績不良、勤務態度不良などで使用者は解雇しないのが普通。会話が成り立たない、使用者の話を聞かない、自己の主張のみで他人を認めないという労働者が解雇の対象となっています。事前対話の必要性の理論は正しいのですが、現実の実態とは食い違っていますが、どう考えますか」というのが安西会員の質問です。はい、どうぞ。

安西（弁護士）　今日は、雇用社会の変容と労働契約の終了という、野田会員が最初に挙げられた三つの視点からの議論ですが、今日の議論は三段跳びの3段階目であって、もう一つ前の雇用社会の変容が、今あるのではないか。

従って、能力不足や勤務態度不良等で、今、解雇をする場合には、先ほど述べたような、会話が成り立たない。だから、解雇

前後，使用者との会話，それは大事ですが，会話ができる人は，今，企業は解雇しない。今，人手不足の時代ですから，先ほどのPIPの議論も，何とか労働者を辞めさせない，何とか労働者を活用しようという方向であって，これを，今，雇用契約の終了に利用しようという段階ではない。従来の解雇の問題が1段目ですので，今は，2段目の変容の時代であるのではないかというのを，今，実務に携わる者としては痛感するわけです。

だから，今日の話は，もう一つ先の3段目の議論ということで，今日この話のように，労使対話を事前に置くとなると，ますます労働者は駄目だということが如実に表れていることになってしまう。その現実と今日の話との関連性はどうだろうかということで，少しお尋ねしたいです。

所浩代（福岡大学）　今回，この判例分析を行うために過去10年間の裁判例の判決文をたくさん読みました。ご指摘のとおり，対象とした勤務不良の例の中には，面談日を設定したのに来ない労働者とか，定期フィードバックの際に自己の態度に固執して非を認めない労働者とか，確かにそういう事例がたくさん見られました。

そのような労働者にどう対応すべきか，裁判所の考えを判決文から推測してみますと，初期の事例では労働者に指導しても聞かないのだから最初からやらなくてもいいという使用者の考えは否定される傾向にあるというか，裁判所は指導することを手続的に大切にする姿勢を示していたのですけれども，後期の裁判例になってくると労働者の態度があまりにもひどい場合は指導をしなくてもいいという考え方が現れてきて，その考え方がその後の裁判例にも影響をしているように見えます。

こうなってくるともしかしたら指導が行われていたらそれが効いて労働者の態度が変わったかもしれないのに，労働者の態度が初めから非常に悪ければ，手続を軽視してもやむを得ないという考えが定着してしまう。私はそこに懸念を持っているので，たとえ態度が悪くて空気を読まないような人でも，一度は事前面談の手続をきちんと取るとか，それがたとえ裁判の中において使用者側の手続の担保として労働者には不利に働くとしても，公平なルールとか明確な手続という視点ではそこを看過することはできないのではないかと思っています。

● 個別的労使対話と集団的労使対話の関係
野田（司会）　所会員には，もう1人，質問が出ています。豊川会員から，「集団的対話と個別的対話が異なるときの適正手続はどうあるべきでしょうか」という短い質問ですが，もしよろしければご説明をお願いします。

豊川（関西学院大学）　確かに，今，所会員が言われるように，集団的対話，個別的対話ですが，まず，集団的対話について言うと，勤務評価あるいは人事評価，成果主義といいますか，そういうことに対して解雇される前，あるいは解雇された場合でも，労働組合が具体的に論争していくという実態は，安西会員ははるかにその辺はご存じか分かりませんが，私自身はあまり知

らないのです。

　むしろ、これまで、例えば、人事考課の差別査定、複数併存組合、そういう中では随分あったのです。今、むしろ、実態として思うのは、労働組合はもう、「この解雇、賛成だよ」と、「この人は辞めてもらったらいい」と。しかし、労働者のほうは、「やっぱり納得できない」と。こういうふうに言っているときに、この立てられた個別そして集団という対話の要件の一部が欠けるわけで、その点についてどう考えられているのかということです。

　所（福岡大学）　ご質問ありがとうございます。私も頭の中では、ご指摘の点が問題として浮かびました。最初に、集団的な対話と個別的な対話というのは二層構造で、しかもそれが並行的に、両者の対話がうまいことサポートし合うというか補強し合う関係にあると思ったのです。しかし他方で、私もわずかな期間ですが労働委員会のあっせんなどに参加して、労働組合と労働者が解雇について交渉を求めてくるという現場に立ち会う機会があり、そこではやはり、両者の間で温度差があったり意見に食い違いがあったりということがあって同じ労働者側といっても、使用者のコミュニケーションの仕方が違うなという印象を受けていました。

　ただ、論を立てる時、解雇権の行使の濫用性において適正手続をどう考えるかという場合には、集団的な対話と個別的な対話が相反する場合の適正手続というものをうまくガイドライン化することがなかなかできないという問題にあたったのです。とい

うのは、私の経験不足で、頭の中にそのような状況が具体的にイメージできなかったものですから、今回はあえてそれを結論には盛り込みませんでした。多分、今日質問がでて、実態を教えていただけるのではないかと思って、フロアからのご指摘を待つ状態にあった訳です。

　ただ、組合が折角団体交渉を申し込んできた場合には、数は少ないと思われますがそのような場合には使用者がそれに不誠実に対応したということを「労契法第16条」の中で考慮すべきと考えていて、労働組合が腰を引いて組合員のサポートに当たらない事案について、裁判所がどれほど組み込むべきかという問題については、労契法の問題として考えるのは時期尚早なのかなと考えてここまでの報告にした次第です。

　野田（司会）　所会員の報告は、ツーステップあって、一つは、解雇についての面談なり情報提供などの手続をしっかりさせることと、次のステップが、集団的なものと個別的なものをいかに融合させていくかということだろうと思うのです。

　確かに、そういうものをどういう形で実質的に手続として融合させていくかは、これから先、多分、いろいろ考えていただかないといけないという課題が出てきたと思いますけど、一つの新しい切り口のあり方として提案されたということだろうと思っています。

　所報告に対しての質問は今のところ以上ですが、どなたかさらに質問があればぜひお願いしたいと思いますが、いかがでしょうか。よろしいですか。では、またあとで

質問をお願いしたいと思います。

5 労働契約終了と合意

● 契約終了を望む労働者の保護

野田（司会） それでは，最後の川口会員の報告について幾つか質問が出ています。最初に，弁護士の塩見会員からの質問です。

「実際の労働相談では，意に反し退職届を書かざるを得なくされる事例は非常に多く，自由意思に基づく退職の意思表示の立証を使用者側に求める川口会員の考えは賛成できる。他方，近年は，労働者が退職を申し出ても使用者が退職を認めない，あるいは損害賠償請求をちらつかせる，いわゆる辞めたくても辞めさせてくれない事例が増えており，この局面では，退職の成立を積極的に認めるほうが労働者の保護になる。この局面との関係で，退職の成立についてどのように整合的に解釈すべきと考えられるでしょうか」という質問です。では，趣旨をお願いします。

塩見（弁護士） 今日の川口会員の話は，退職の意思表示だけではなくて，それが自由意思に基づくものであることまでが成立要件とすべきであるという感じの説明のように思いました。この点は，私の誤解でしたらまた説明をお願いいたします。

他方，自由意思に基づくことを効力要件と解する，そういう立場もあるという話もあったと思うのです。私が最近担当した事件で，退職届を出して，その1週間後にそれを撤回して，地位保全を求めて仮処分を

申し立てた事案があるのですが，その事件は幸い勝ったからいいのですが，その手の事件では，やはり，背景事情でどれだけひどい事実があろうとも，退職届を一度出してしまうと，ものすごく苦労する。

そういうのが実際の事件の実情なので，川口会員の説には非常に魅力を感じるところではあるのですが，辞めたくても辞めさせてくれない事案との整合で考えると，やはり，退職そのものは，辞職の意思表示があって，一応，成立と。それに対して，それが自由意思に基づかないということが立証されたら，効力は否定される。そちらのほうが，その場面との関係で考えると整合的なのかなと思ってしまう。ただ，川口会員の立場からも，そことの整合的な説明は十分可能だと思いますので，その辺りをどう考えているのかをお聞きしたいところです。

川口美貴（関西大学・弁護士） まず，初めに，当該意思が自由に形成されたことは，意思表示の成立要件として捉えられているのではないかというご指摘ですけれども，意思の自由が成立要件なのか効力要件なのかというのは結構形而上学的なというか神学的論争なような気もしますが，私としては，効果意思が推認されるような表示行為があった場合は，意思表示は成立，完成すると思いますので，意思の自由は効力要件と位置づけています。

従来は，当該当事者は対等であるということを前提として，基本的には，労働者の意思表示が存在すれば，意思は自由だということがいわば推定され，労働者が意思表

示の瑕疵とかその効力の発生を阻止する要件を立証しないと，意思表示が有効であると判断されてきました。

その点について，そうではなくて，労働者の意思表示が存在していることに加えて，効力発生要件として，当該意思が自由に形成されたことを使用者に主張，立証させるということで，意思の自由についての証明責任を転換するという理論構成が，できるだけ，民法の意思表示理論との摩擦を少なくし，かつ，妥当な結論を導くためにはいいのではないかと考えたところです。

それを前提として，労働契約の終了の効果については，労働者が労働契約の終了を主張する場合と，使用者が労働契約の終了を主張する場合とに分けて，労働者が労働契約の終了を主張する場合は，当然，強制労働の禁止等の観点もありますので，従来どおり，労働者の意思表示があれば，意思表示が成立し，意思の自由が推定されるので，それで基本的に労働契約の終了は認める。だから，労働者が労働契約の終了を求める場合は，労働者の主張立証は意思表示の存在だけでいいと考えます。

それに対して，使用者が労働契約の終了を主張し，労働者が契約の終了を争っているという場合については，労働者の雇用保障的な観点を背景にしつつ，先ほど報告しましたような，労働者と使用者の情報・交渉力の格差もありますので，意思の自由は推定されず，使用者には，意思表示の存在による意思表示の成立プラス，自由に意思が形成されたということを効力発生要件として主張立証してもらうという証明責任の

転換を考えています。

今申し上げたように，労働者が辞めたいときには，従来どおり，意思表示があれば契約の終了を認めるということであれば，労働者が辞めたい場合との理論的整合性はあるのではないかと思っています。

●「自由な意思」の位置づけ

野田（司会）　それでは，引き続き，川口会員に対して弁護士の古川会員から質問です。「自由な意思を必要とする点については賛成できます。しかし，自由を要件として扱うことは疑問です。自由は意思の存否という事実認定の際の判断要素の一つであって，自由をもって意思の発生要件や有効性要件として扱うことはできないのではないでしょうか」。さらに書いておられますので，少し長いですが，読ませていただきます。

「その理由は次のとおりです」。理由は四つあります。「第一に，自由を必要とする条文上の根拠が見当たらない。今般の民法改正による検討過程で契約自由の原則の立法化が検討されたが，最終的には見送られました」。二つ目です。「民法は，意思表示について表示主義を採っている。自由の存在を自明の前提とし，自由の欠如は，詐欺，脅迫等を主張する側に証明責任を負わせている」。

三つ目，「自由を要件とすると，詐欺，脅迫等は自由に吸収され，証明責任分配についての矛盾が生じる」。四つ目に，「情報格差，交渉力格差は，労働契約以外に消費者契約の場合にも存在する。自由な意思を

必要とする契約の外延が定まらない。これらの問題を生じさせないためには，自由な意思について，意思の存否有無に関する事実認定のレベルの問題として扱うしかないのではないか」という質問です。

川口（関西大学・弁護士）　まず，自由な意思について，意思が存在しているかどうかの事実認定の中に組み込んでしまうという考え方も，魅力的ではありますし，全く同じかどうか分かりませんが，学説の中にも，自由な意思表示の事実認定を慎重に行い，例えば，従来の最高裁の判決の中で述べられているような，自由な意思に基づくものと認めるに足りる合理的な理由の客観的存在を，いわば自由な意思表示の慎重な事実認定という形で説明されている学説もあります。

ただ，この慎重な認定という手法は，表示行為が，口頭とかあるいは黙示の，うなずいたとかですが，そういうものであれば，確定的な意思表示がないという判断を導くことができるのでいいと思うのですが，淺野高宏会員や加藤正佳会員が季刊労働法の論文（237号・241号）等で指摘されているように，労働者の署名とか押印があるような退職届等が提出された場合は，民訴法228条4項の規定によって文書の真正が推定され，当該退職届等はいわゆる処分証書，意思表示が記載されている書面なので，意思表示の存在が推定されます。従って，使用者が勝手に労働者のはんこを取ってきてついたとか，そんなことで文書の真正が否定されない限りは，意思表示の成立・意思表示の完成が認められてしまうので，意思

表示の慎重な認定という手法には限界があるという批判もあったところかと思います。

しかし，先ほどの民訴法の規定に基づく推定は，意思表示の存在についての推定であって，当該意思が自由に形成されたかどうかについては，関与しない規定であると思います。

そこで，意思表示が一応成立，完成したとしても，なお，効力の点で何とか考えられないかどうかということで，先ほど述べましたように，従来は，当事者が対等であることを前提として意思表示の成立，完成があれば，基本的には当該意思は自由であるということを，いわば推定をして，効力を争う側に，意思は自由ではないことを，意思表示の瑕疵とか効力発生阻止要件に該当する事実を主張立証させていたのですが，そこを，労働者と使用者には情報・交渉力の格差等がありますので，労働者が契約の終了の意思表示をして，その後それを争う場合，あるいは，労働契約内容の不利益な変更に同意する意思表示をして，その後それを争う場合については，意思の自由の証明責任を転換して，使用者に当該意思が自由に形成されたということを，効力発生要件に該当する事実を主張，立証させるべきだと考えた次第です。

ただ，どこまで使用者に主張立証させるべきかという問題がありますけれども，例えば，労働契約の終了については，今日，報告したようなことが，使用者が主張・立証すべき事実になるのではないかと思います。

ご質問の中の批判の第一の理由について，

確かに，おっしゃるように，自由を必要とする明確な条文上の根拠はないのですが，「自由な意思だから法律効果が発生する」ということは，誰もが否定しない，当然の前提だと思います。別の言い方をすると，意思が自由であるということは，意思表示の有効要件であることは誰もが否定しないと思いますので，この自由について，証明責任の転換という理論構成を考えてみました。

私としては，当該表示が自由な意思に基づくものであることの合理的な理由の客観的存在を，別途，独立した意思表示の成立要件と位置づけるよりは，意思表示の効力要件における意思の自由の証明責任の転換という理論構成のほうが，意思表示理論との摩擦は少ないと考えます。別に新しい要件を設定しているわけではありませんので，あくまでも意思自由という効力要件の中で証明責任を転換しているだけということになります。

ご質問の中の批判の第二の理由について，確かに，従来，表示主義を採っているので，意思表示が成立すれば，いわば，自由の存在は，自明の前提であり，自由の欠如はその効力を争う側に証明責任を負わせていたというのは，もちろんおっしゃるとおりではありますけれども，今述べたような理由で証明責任を転換したいと思っています。

ご質問の中の批判の第三の理由について，おっしゃるとおり，労働者が原告で労働契約の存在を主張し労働契約の終了を被告の使用者が主張している場合に，意思表示の存在プラス，当該意思が自由であることを使用者の抗弁に持ってくることになると，意思が自由でないこと，つまり，意思の形成過程の問題となる動機の錯誤と詐欺と脅迫については，事実上，抗弁の中に吸収されてしまうことになって，残るのは，心裡留保と，いわゆる動機の錯誤以外の錯誤ということになるので，実質的に意思表示の瑕疵のかなりの部分が意思の自由に吸収されることにはなりますけれども，それはそれであり得る考え方ではないかとは思います。

ご質問の中の批判の第四の理由について，外延の話ですけれども，成立要件でも効力要件でも，新たな要件を設定することになると，どういう場合に特別な要件が必要なのかということになって，適用される契約の外延の問題が出てくるとは思います。ただ，私が考えているのは，新たに要件を設定することではなくて，意思表示の当然の有効要件である，意思が自由に形成されたことの証明責任を，当事者間でどう分配するかということです。

具体的な意思表示理論の中で証明責任をどう分配するかは，契約を類型化して考えることができると思いますし，消費者契約の場合どうなるのかを話す力量は全くありませんが，少なくとも，労働契約の場合，当該労働者が，私は労働者概念を広く考えており，また，労働契約法上の労働者は，失業者を除けば労組法上の労働者と同じと考えますけれども，労働契約上の労働者である場合には，報告しましたような証明責任分配でいいのではないかと，考えています。

また，契約を類型化して証明責任を考える。場合によっては，裁判所が事案を見て判断することもあるかもしれないと思っています。

野田（司会）　ありがとうございます。いずれにしろ，非常にチャレンジングな理論構成で，ともすれば，事実認定レベルの議論に流されそうなものを，要件論として，あるいは立証責任論として確立していこうという挑戦的な議論で，すぐにこういう議論が通説化するとは思いませんけれど，今後の議論の発展を示唆する意味で有益であろうと思います。

あるいは，実務家の先生方の関心からすると，「いやいや，こんな妙なことを言うよりは，事実認定でしっかりやっていけばいい」と。自由な意思論は，弱みもあるけど強みもある。先ほど，そういう話もありました。そういうことかもしれませんけれども，研究者の立場からすると，やはり，この自由な意思うんぬんという議論も，もともとは，ご承知のように，判例で賃金の全額払い原則の消極要件の論拠から始まって，その後に際限なく広がっている法理でして，こちらのほうでも外延がよく分からないようなところがあるわけです。いろいろな場面で便利に使われてしまって，非常に予測不可能なところがあります。川口報告は，それを理論化あるいは要件化するという意味で非常にチャレンジングな議論を提供したということであろうかと思います。今後，この点についてもますます議論が発展していければいいなと思っています。

● 立法論との関係

野田（司会）　川口会員に関しては，もう一つ質問が出ています。濱口桂一郎会員から，「退職届を出してしまった労働者や不更新に同意してしまった労働者が，ラクダが針の穴を通るような細い道を通るために，高い弁護士費用と長い裁判期間を負担することを，（一部の奇特な労働者を除けば）期待し難いのではないか。むしろ，例えば，雇用終了の金銭解決制度の枠内で，雇用保険の特定離職者のような形で位置づけることのほうが，現実的ではないか（純粋に法理そのものを追究する立場からすれば，不純な議論かもしれませんが）」と書いてあります。川口会員，純粋な知見のほうからよろしくお願いします。

川口（関西大学・弁護士）　もちろん，立法論も非常に大事だと思っていますけれども，特に今回，報告全体で比較的，立法論とかガイドラインとかいった形の話も多かったので，私の報告では解釈論を中心にしました。また，立法的解決を今すぐ望むというのもなかなか難しい状況ですので，やはり，今，退職届を出してしまった労働者に何か理論を提供することが，私たちの使命であると思いました。

私も，報告の一番最後に少し述べましたように，労働契約の終了の意思表示の成立においては，書面を要求するとか，撤回可能期間を設けるとか，あるいは，濱口会員がおっしゃるような労働者を救済するいろいろな制度があれば，意思の自由ということを言わなくても済むのかなと思ったりもしましたが，現実にそういう制度がありま

せんので，解釈論としての理論提示をしました。

　私のほうからの質問で申し訳ないのですが，「雇用終了の金銭解決制度の枠内で位置づける」とか，「雇用保険の特定離職者のような形で位置づけることのほうが現実ではないか」ということを指摘されましたが，もしよろしければ，その内容をお教えいただければと思います。

　濱口（労働政策研究・研修機構）　すみません。大変外在的な批判で，「何を言ってんだ，ばか者」と言われてもいいような質問をしました。恐らく，それぞれが持っている頭の中のいろいろなイメージからアプローチの仕方が変わってくるのかなという感じがします。

　ただ，先ほど，山下会員が言われていたのですが，労働局のあっせんの事案を山のように見ていると，中には，「もうちょっと弁護士費用とか時間を出して裁判所に行ったら，これ，勝てるよ」というのもあれば，「これはあんまり見込みないから，ここで後ろめたい使用者が少し金出す形で解決したほうがいいよ」というのもあります。実は，川口会員が言われた話というのは，どちらかというと，少なくとも現段階では後者に属するようなことが多い。

　どちらがより難しいかというのは，人によっていろいろな考え方があると思うのですが，私のイメージからすると，民法の世界で一般的に認められている考え方を引っ繰り返すようなものを，日常的に民法や商法に基づいた判決を繰り返している裁判官に訴えるよりは，より局部的な世界で試み

たほうがいいのではないか，と。つまり，労働に特化した世界であれば，労働者というのは，情報にしろ，交渉力にしろ，非対称性があるのだから，特別扱いでいいのだというのが通用しやすいのではないかという趣旨です。「ラクダが針の穴うんぬん」と言ったのは，どちらがより可能性があるのかという趣旨です。

　解雇の金銭解決という言い方をしましたが，むしろ厳密な意味での解雇というよりは，「労働契約終了」とか「雇用終了」として括られるような領域が問題です。その中には，実は使用者のイニシアチブが表面に出てこなくて，裏にあるけれども，表面的には労働者のイニシアチブによる雇用終了という形になっている。「だけども，実は」というようなのが，実態的には山のようにあるわけです。そういったものは，民法の意思理論からすると，引っ繰り返すのはなかなか難しいかもしれないのですが，労働という狭い領域ではむしろより容易ではないのか。

　その例として，これは本当に公法上の制度にすぎないのですが，雇用保険法上は，例えば，パワハラを受けたとか，長時間労働だとすると，形式的には自己都合退職であっても，「特定理由離職者」として長期間の給付日数が得られる制度があるのです。そういう意味から，民法が頭の中に入っている裁判官を説得するよりは，より可能性があるのではないかと思い，質問の中で言及しました。

　川口（関西大学・弁護士）　裁判官の頭を引っ繰り返すという話だということです

が，一応，山梨県民信用組合事件の最高裁判決も出されており，この最高裁判決をどのように読むか，いろいろなお考えがあるとは思いますけれども，あの判決も証明責任を転換したとまでは言えないかもしれませんが，当該労働者の意思が自由であるということについて，やはり，使用者に主張，立証させているということだと思います。そういう意味では，意思表示の成立とか完成要件を新たに設定するのは，特に裁判官の理解を得るのがなかなか難しいような気がします。私が述べているような，意思表示の効力要件の部分で自由な意思であることについて使用者に主張立証させるという理論は，裁判官にとってそれほど理解することが大変とかいうわけではないと思います。

それから，もう一点で，多分，濱口会員が指摘されたかったことは，特に合意解約とか辞職の場合は，一方で労働契約の終了が肯定されるかどうかという論点があり，他方，かなり多くの人は，「もうあんな所は嫌だから辞めたいけれども，別に自分が悪いわけでもないのだから，損害賠償をして欲しい」と考えるので，いわゆる退職勧奨行為そのものが不法行為であるということを理由とする損害賠償請求ではなくて，退職に伴う損害賠償請求の可否という論点が重要だと思います。この点については，既に小宮会員をはじめとして多くの方の先行研究があり，この点も今回報告したかったのですが，時間の関係で労働契約終了の肯否という論点に絞りました。また，先行研究等も勉強したうえで，こちらのほうも，

通説にならないかもしれませんが，考えていきたいと思います。

6　報告全体を通して

● 労働契約終了の手続に関する立法のあり方

野田（司会）　一応，質問用紙をいただいたものについては全て議論の俎上（そじょう）に上げて議論させていただいたのですが，もう少しだけ時間がありますので，いろいろなお考えを聞かせていただいて，今後の研究にさらに多様な角度から示唆を与えていただければと思います。では，お願いします。

倉重（弁護士）　所会員に質問です。レジュメの5ページです。まず，手続的な今後の考え方という中で，立法的方向性という所です。行為規範として評価すべきなのか，評価規範の中に盛り込むべきなのか。

つまり，手続的な履行が社会通念上の相当性に具体的に加味されるのか。それとも，今後の立法問題だと思いますけれども，解雇に先立つ手続的な審査が，今後の労働者保護のあり方も変わるという話がありましたけれども，そういった社会通念上の相当性とか客観的合理性とは別の話としての手続的な議論としておっしゃっているのか。特にこの評価規範に取り込むのは相当でないというところの範囲はどこまでとお考えなのかをお聞きしたい。

一方で，下の「3」の所では，労使対話に関しては，評価規範のほうに入っていると。これは社会通念上の相当性の中に労組

との対話が入ってくるという話だと思いますが，今度，手続的なものがあり，立法化されていくということになると，どこまでが評価規範の中に入れるべきとお考えなのか，教えていただきたいと思います。

所（福岡大学）　5ページ目の注の所の，「行為規範の全てを評価規範に取り込むのは相当ではない」という一文ですけれども，これは，その上の図の2と3の所で，この2と3は，別に私がオリジナルで考えた行為規範ではなくて，資料1で検討した過去10年の行為規範を洗って図にしたものです。

つまり，裁判官の頭の中には，それぞれ少しずつのずれはありますけれども，このような流れの行為規範が既にできあがっているという指摘で，ただ，これを社会通念上の相当性，つまり，このAからEまでのステージを全てクリアしていなければ権利濫用の評価を免れないような強いものまでには，まだ高まっていないし，高めるべきでもないと思っています。

「立法的手当の手順」と書きましたが，まずは，頭の中にある司法，裁判官の中のぼんやりとしているけれども，判例法理としてできあがりつつあるものは，ある程度具体化して立法化すべきであると思っていて，ただし，それは，やはり，ケース・バイ・ケースによって，手続のガイドライン化した流れを全て，司法の場で全部を評価していくのは難しいものですから，最低限この三つだけでも立法化したあとは，第16条の評価規範の中の社会的相当性の中には，もうこの三つはやったかどうかをきっちり見ていく，そういう段取りを踏むべきではないかと考えているところです。まだまだ粗い議論ですので，これから精緻化が必要だと思います。

倉重（弁護士）　確認ですが，そうすると，今おっしゃった事前面談とか，三つの挙げられている点ですね，これは，社会的通念上，相当性が高いと考慮すべきものとして挙げられているという意味でいいですか。

所（福岡大学）　そうですね。山下報告に少し振る形になるかもしれないです。この点，山下報告のほうでは，確か，客観的・合理的理由の中の判断の中に含めていくべきだというところで，チームの中でも少し温度差があります。私も，実は，最初はそう考えていたのですが，少し分かりにくいので，やはり，手続は出したほうがいいのではないかなという私論なので，その辺はフロアからも指摘を受けて考え直していきたいなと思っています。

山下（九州大学）　今，（所会員から私の報告の趣旨について，客観的・合理的理由の判断の中に含めて）「いくべきだ」とおっしゃったのですが，私の意見は，そうではなく，一般的に，判例は含めているという分析ができるので，今のところ，評価するとすれば，客観的・合理的理由の所で，これらの点をむしろ評価したほうが，客観的・合理的理由の厳格な評価につながるのではないかという趣旨です。

結局，日本の場合，解雇の手続そのものが，もう解雇の意思を決めたあとに解雇予告をして離職の証明書を出すということで

すから，およそ手続とは言えないようなものしか法律上はない。そういう中で，恐らく，判例は，手続的要件と言わずに，実体的要件の所で，客観的・合理的理由の評価の事実として，事実上，手続に当たるようなことをこれまでずっと評価して，ルールとして，組み込んできたということです。

ある意味，そういう判例の努力みたいなものを客観的・合理的理由の所でしっかりと評価をして，判断を短期的にはしていくべきだと思います。短期的な視点では，それをガイドラインとしてルール化しておき，長期的には，やはり，手続的なものとして立法化していくことのほうが望ましいのではないかと考えています。

● 能力・適性の明示義務

野田（司会） どちらかというと，今日は研究者の方々の質問がやや少ないように思います。研究者の理論的な立場から，「こういうところは評価すべきだ」という，もうちょっと温かい質問をしていただきたいです。では，すみません，毛塚会員，お願いします。

毛塚（法政大学） 研究者の中では口が悪いほうで，あまり温かいことは言えそうもなくてすみません。龔会員のご報告を伺っていて，やや違和感を覚えたのは能力や適性のあることを使用者に明示させるという点です。能力や適性に問題があるいうのであればあらかじめ明示しておけというなら分かるのです。労働者はそれなりの改善努力はできますし，能力や適性を理由に突然解雇されることもないからです。

そもそも，能力に関して言えば，通常，試用期間を通して入るわけで，試用期間というのは能力や適性を見る期間ですから，試用期間を経て採用した労働者に対して，特段の事情がない限り，能力不足を理由に解雇はできないと，個人的には思うのです。そうでないと試用期間を置く意味がありませんから。

また，能力や適性に関して職業的能力の尊重配慮ということもおっしゃっていたかと思いますが，職業的能力を育てていくというのは，これは別に日本的雇用慣行だからではなくて，全ての雇用関係においてそういう使用者の責務を考えることが望ましいものです。契約締結の時点で，「あなたの能力はこれです」ということを明示させ，仮にそれにずっとこだわるとすれば，時間的な経過の中でキャリアの形成，職業的能力の発展を考えることと違和感があるのですが。

龔（久留米大学） ご指摘ありがとうございます。実は，私が提唱している能力・適性義務は，毛塚会員の適正評価義務論とは足並みがそろっているところが多いと，自分は考えています。

というのは，この義務は，「あなたに期待している能力・適性はこれとこれ」，「これでないと駄目」ということを締結時に限定するのではなくて，ある程度方向性と範囲を示すという意味での明示義務です。ものすごく緻密に限定すると，それは逆に危険な話です。しかし，適正な評価をするためにも，何が客観的な基準となるのか，その指標を作ることが必要だと考えています。

シンポジウムの記録

ですから，締結するときだけではなくて，実はいろいろな段階で，労働者の能力・適性を把握し直し，明示することも必要です。例えば毛塚会員が触れられた試用期間中にちょっと働かせたうえでの調整も，もちろんあるべきだと思っています。

それから，「明示」と言うとものすごく硬直的に聞こえてしまうかもしれませんが，明示する前提として，労働者の能力・適性について，使用者が本人と話し合いながら適切な方法で把握する義務のほうが，重要な構成部分の一つとなります。つまり，明示する前にまず把握するという作業が，締結の段階だけでなくて，労働契約履行段階でもずっと続いているというイメージになります。

毛塚（法政大学）　分からないわけではないですが，やはり，何となく違和感があるのは，労働契約で明示すると，これは「その範囲ですよ」という形になって，先ほどからあったように，今は，限定正社員とか，いろいろな形で，「あなたの能力はこういうものだ。あなたには，ここは期待しません」という，そういう分け方もあるわけですね。

職業的能力の尊重のところ，例えば，あなたはこういうグループだったけれども，それをずっと維持させること自体が，やはり問題になると思うのですよね。だから，「あなたは，現在の時点でここは不適性だ」ということを指摘するのはいいのだけれど，能力がこうですよという形でやることは，やはり，等しく職業的能力を伸ばしていく，尊重配慮していくことと，整合性が合わな

いような気がするという印象です。これはちょっと印象なので，そうではないとおっしゃられるとそれ以上ないので，またあとで。

龔（久留米大学）　ありがとうございます。この点については，もう少し考えさせていただきたいと思います。

● 休職期間満了を理由とする解雇・退職扱い

野田（司会）　もう少しだけ時間があるのですけれども。では，ぜひよろしくお願いします。

清水洋二（弁護士）　一つは感想です。先ほど，川口会員がおっしゃったのは非常にチャレンジングな試みだと思いますが，実務では，やはりなかなか難しいのかなと思っています。ですけど，そこをまた深めていただければと思います。

それから，これは質問ですが，今日の報告ではどなたも深くは論じていただけなかったのですが，「雇用社会の変容」と言いましても，変容の仕方というのはいろいろあると思います。われわれが実務をやっていて非常に多いのは，メンタル面の病気休職の例です。これは，結局，退職せざるを得ない状態となるというケースで，まさに雇用契約の終了という状態に追い込まれていくという事例です。

具体的には，労働者がパワーハラスメントあるいはセクシャルハラスメントによって，メンタル面で適応障害であるとか，うつ病であるとかという状態に追い込まれて，一定期間，病気休職せざるを得なくなるわ

けです。このような事例の場合，企業によって休職の期間が違いますので，短くて3カ月とか6カ月，長ければ1年以上も病気休職制度を設けて，しかも，給与保障もしている大きな企業もありますけれども，無給の休職しか認めていない企業もあるわけです。そして，就業規則の規定によって，一定の病気休職の期間が終了したら退職扱いにするとしており，これも，就業規則によっては，休職期間が終了したときに解雇するという規定を置いている所もあります。そういう場合には，解雇ですから，われわれも争いやすいわけです。

ところが，病気休職の期間が切れて自然退職の扱いにするという規定の場合に，どのような争い方をするか，非常に頭を痛めております。そういうケースが非常に多いのです。それにもかかわらず，今日の報告者の中にはこの点にふれた報告が全くなかったのが，不満として残る点です。その辺り，報告者の間で議論をしたり，あるいは問題意識として持っている方がいらっしゃったら，そこを教えていただきたいと思って質問しました。よろしくお願いします。

川口（関西大学・弁護士）　今のご質問についてですけれども，例えば，休職期間が満了した時点で退職扱いをするという取り扱いについては，もちろん，実質的に解雇だと解釈することもできる場合もあると思いますし，あるいは，いわゆる労働契約終了事由が就業規則において設定されており，それが労契法7条や合意により労働契約の内容になっていると判断される場合もあるかもしれません。

その就業規則の規定については，これはちょっと信義則としか言いようがありませんけれども，休職期間満了時に労働契約が終了するのは，客観的・合理的な理由と社会通念上の相当性がある場合，つまり，休職期間満了により契約を終了させる客観的・合理的理由と社会通念上の相当性がある場合であるという形で，合理的・限定的に解釈したうえで，当該就業規則の労働契約終了事由に該当する事実が存在するかどうかを判断するというアプローチも可能かと思いますけれども，いかがでしょうか。

清水（弁護士）　有益なご教授ありがとうございました。今，いろいろ苦労しているのは，病気休職の段階で捉えて争ったりする場合が多いのです。確か，神戸大学の大内会員の書物の中に，そういう点について指摘した箇所があったと思いますが，そこを深く論じている方はあまりいらっしゃらないのです。

今，川口会員がおっしゃったのも，われわれが主張するときに，主張はしているのですが，結局，パワハラとかセクハラというのは，管理職とか上司とか使用者側の行為によってそういう病気休職の状態に追い込まれていくわけですから，その原因をつくり出したのは使用者側なのですね。それで，労働者側では病気休職に追い込まれて退職せざるを得ない状態に至ったというのを全体的に捉えて，解雇に準ずるような形での人事権の濫用といいますか，そういう理論を組み合わせた主張をしているのです。

それ以上に何か理論的にもっと説得力のある主張として，こういう主張の仕方があ

るのではないかというのがあったら教えて
いただききたいということです。先ほどの
は確かに一つの有益な示唆だと思っていま
すが，そのほかにあったら教えていただき
たい。野田会員，いかがですか。

野田（司会）　その問題は，もともと，
川口報告でも検討されていたのですが，あ
まりにも広がりが大きいので，もっと限定
していって，川口会員の報告は合意論と契
約終了というところに集約するような方向
にしていただきました。

この問題は，理論的に考え出すと，そも
そも病気休職というものの契約上の位置づ
けはどう考えたらいいのか，さらに，休職
明けというものが契約上どういう意味があ
るのかということから詰めていかなければ
ならない。現状は，恐らく，理論的だけで
はなく，実務的にもお役に立てないような
理論状況ではないかと思うのですね。そう
した理論の根幹が曖昧なので，明確な形で
議論が進展していかないと思っています。

ですから，この設定のテーマも，それを
採り上げるのはあまりにも大きなテーマで，
また別の機会に議論していくしかないかな
と思っているところです。もちろん，病気
休職について，皆さんそれぞれの立場で研
究があり，病気休職について，契約の停止
論をヨーロッパみたいに入れようとか，あ
るいは病休明けについて解雇について，解
雇法理の中でどういう理論的な設定で解雇
を防止するような議論をするか，いろいろ
な試みをされていると思うのですが，もっ
と掘り下げた議論をきちんとやっていかな
きゃいけないかなと思っています。今回の

報告では，あまりお役に立つようなことは
言えなくて恐縮です。

● 労働契約の終了と「自由な意思」

土田道夫（同志社大学）　川口会員に
質問です。先ほどの濱口会員とのやりとり
とか，今の清水会員の質問とも関連するの
ですが，私は，この自由な意思に基づく同
意の法理については，やはり，山梨県民信
用組合事件の最高裁判決で出たことでかな
り状況が変わったと思っています。

この判決が出るまでは，裁判例を見ても
下級審ばかりだったわけですが，先ほどご
説明のあったとおり，判例が自由な意思に
基づく同意を重視する方向性を示したとい
うことで，それほど隘路ではなくなったよ
うに思います。報告の基本的な方向性につ
いては，私も賛成です。

疑問があるのは，レジュメの3ページに
ついてです。つまり，私は自由な意思に基
づく同意を労使間合意の成立要件と考える
のですが，それで考えていくと，3ページ
の例えば「3-(2)-ア」の「情報提供と説
明協議」はよく理解できます。「イ」の中
の「②」の「十分な熟慮期間を付与した」
とか，「③」の書面化も理解できるのです
が，他方，「イ-①」（付添人の同席を認め
る）や「④」（自宅等での書面作成），それ
から4ページの「ウ」の「業務命令・職場
環境の配慮」という基準には疑問がありま
す。

自由な意思に基づく同意の判断基準とし
てここまで求めると，それは，意思表示理
論に対して過大な内容を要求しているので

はないかという疑問です。私は，就業規則による労働条件の変更の合意について，自由な意思に基づく同意のうえに，さらに効力要件として，緩やかな合理性審査が必要と言っているわけですが，なぜこういうことを論ずるかというと，合意の成立要件なり意思表示の認定段階でご報告のような要素まで含めることはやはり難しいだろうと思うわけです。むしろ，効力要件として，別途，実体的審査を設けたほうがいいのではないかという発想です。

ですから，方向性としては分かるのですが，本来は，意思表示理論との整合性を考えると，ここは少し過大な要求ではないかという疑問があります。

それと，もう1点だけ。自由な意思に基づく同意の法理の外延なり射程ですけれども，先ほど，野田会員もおっしゃったし，山梨県民信用組合事件もそうですけれど，もともとこの法理が出てきたのは賃金・退職金についてですよね。私自身は，別に賃金・退職金に限定する必要はなくて，労務契約の展開，終了に及ぼしていいと思っていますが，ただ，例えば転籍については明らかにこの考え方の適用を否定した裁判例もあるわけです。

そうすると，賃金・退職金の法理から出てきたこの考え方をどこまで適用できるのか，適用すべきなのか，それともすべきではないのかということについては考える必要があると思います。自覚されていると思いますけれども，ご報告のような労働契約終了合意については，そこは一つの論点としてきちんと押さえておく必要があるのではないかと思いました。

川口（関西大学・弁護士）　土田会員のおっしゃった最後の所だけ。私も，当該意思が自由に形成されたことについての主張，立証を使用者にさせるべきだというところは共通だと思っています。

では，具体的に，当該意思が自由な意思に基づくものと認めるに足りる合理的な理由が客観的に存在することを根拠づける事実として，何を主張，立証，させなければいけないのかということについては，契約内容を変更する場面，それも個別的な変更と集団的な変更があり，さらに，契約が終了する場面，それから，契約を締結するときの労働条件の設定の場面と，どの場面かにより主張，立証が求められる事実がかなり違うということは，一応，自覚はしていますので，土田会員のご指摘も踏まえて，また，別の機会に検討してみたいと思います。

● 総　　　括

野田（司会）　ありがとうございました。たくさんの質問をいただき，非常に有益な議論ができたと思っています。先ほど，安西会員が言われた，3段階のうち，2段階を飛ばして3段階目の議論を提供したというご指摘は，なるほどな，と思いました。ただ，あえて申し上げると，恐らく，そんなに先の話をしているわけではなくて，5年後ぐらいにはこういう風がもっと強く吹いてくるだろうと思っていて，われわれは，その風を読みながら法理を準備しておくことが必要だと思っています。

そのように近未来の話でありまして，それに対してどう対処していくかを理論としてこれから考えていく必要があります。実際も，ご承知のように，これまでも法改正もいろんな形でなされており，今後は期間の定めのない労働契約について，いよいよ議論が本格化しないとも限りません。

そういう形で，雇用情勢，雇用社会の変容に伴って政策も立法も大きく変わろうとしているときに，日本労働法学会としても受け身の議論ばかりで対処するのではなく，こういう形での議論を発信しておきたい。もちろん，実務にも具体的な影響を与えることは，これほどいいことはありませんので，理論と実務の両方を見据えながらこういう議論ができたのは，われわれにとっても非常にありがたいことでした。

今日は長時間どうもいろいろありがとうございました。これでシンポジウムを終わらせていただきます。

（終了）

回顧と展望

債権法改正と労働契約関連規定をめぐる変更　　　　　　　　　　　　新屋敷恵美子

割増賃金を年俸に含めて支払う合意と労基法37条　　　　　　　　　　　岡本　舞子
　　　　──医療法人社団康心会事件・最二小判平29・7・7
　　　　労判1168号49頁──

労働契約法20条における不合理性の判断方法と損害額の認定　　　　　　岡村　優希
　　　　──日本郵便（時給制契約社員ら）事件・東京地判平29・9・14
　　　　労判1164号5頁──

関連会社への労働組合員の街宣活動等に対する損害賠償請求の可否　　　木南　直之
　　　　──フジビグループ分会組合員ら（富士美術印刷）事件・
　　　　東京高判平28・7・4労判1149号16頁──

債権法改正と労働契約関連規定をめぐる変更

新屋敷　恵美子

(九州大学)

I　は じ め に

　2020年4月1日に「民法の一部を改正する法律」(平成29年法律第44号)が施行される[1]。同法成立に至るまで約5年にわたり，法制審議会の民法(債権関係)部会で，第一ステージから第三ステージを通じて議論が積み重ねられた[2]。周知のとおり，当初労働法の観点からも注目された「役務提供契約」に関する規定の創設など，最終的に「要綱案」[3](第三ステージ)に至る前の段階で落とされたものが多い。しかしながら，第3編第2章第8節雇用についても含め，これまで当然とされてきた条文が削除されたり従来争いのない雇用契約に関する原則が条文化されたりするなど，労働法の観点からも，最終的な改正の内容を確認する必要がある。

　ところで，日本労働法学会では，第二ステージのとりまとめであった「中間試案」[4]を題材に，2013年のシンポジウムで「債権法改正と労働法」がテーマとして取り上げられ，それ以前の「論点整理」[5](第一ステージ)等も労働法学者により検討された[6]。その中では，以下の改正論点が労働法の側からも熱く議論さ

---

1)　「民法の一部を改正する法律の施行期日を定める政令」(平成29年政令第309号)。

2)　債権法改正の経緯等については，筒井健夫「債権法改正の経緯と概要」ジュリ1511号(2017年)16頁等を参照。

3)　「民法(債権関係)の改正に関する要綱案」(平成27年2月10日決定)。

4)　「民法(債権関係)の改正に関する中間試案」(平成25年7月4日補訂)。

5)　「民法(債権関係)の改正に関する中間的な論点整理」(平成23年4月12日決定)。

6)　日本労働法学会誌123号(2014年)のシンポジウム，労旬1811号(2014年)の特集，土田道夫編『債権法改正と労働法』(商事法務，2012年)，法時82巻(2010年)11号の特集等。

回顧と展望①

れていた。すなわち，細かな論点を除くと，①民法上の契約類型と労働法上の契約類型の関係の整理（民法と労働法の関係），②民法上の雇用規定（民法623条以下）の一部削除・修正等，③危険負担法理の廃止と民法536条2項，④約款規制の導入，⑤事情変更制度，継続的契約規制の導入，⑥情報提供義務の規制の導入，⑦契約の成立に関する原則規定の導入や⑧申込みに変更を加えた承諾の修正，⑨承諾の期間の定めのない申込みと撤回，⑩時効制度の見直し，⑪役務提供契約類型と準委任に関する規制の導入，が挙げられる。これらのうち，下線のない①，⑤，⑥，⑧，⑪は実現しなかった。実現したもののうち，④の新規定が適用対象とする「定型取引」（548条の2）に労働契約は該当せず，[7]また，⑦についても，原則の明文化の意義は否定できないが，あくまで従来前提とされてきた点（申込みと承諾による契約の成立）を規定化（改正522条）したものであるので，本稿では，②，③，⑨，⑩の改正内容を，以下で確認する。

Ⅱ　第3編第2章第8節雇用

1　624条の2の新設

　改正624条の2（履行の割合に応じた報酬）は，「使用者の責めに帰することができない事由によって労働に従事することができなくなったとき」（1号），または「雇用が履行の中途で終了したとき」（2号）に該当する場合は，労働者は，「既にした履行の割合に応じて報酬を請求」できる，と新たに定める。

　（1）　規定化の趣旨　　現行624条1項は労働者の側のいわゆる先履行の義務を明示しているが，「労働者が中途で労務を履行することができなくなった場合」における労働者の使用者に対する報酬請求の可否を定める条文は従来なかった。[8]そこで，その場合の労働者の履行の割合に応じた報酬請求権が認められるという従来の「異論のない解釈」[9]が明文化された。そして，当該解釈は，雇

7）「民法（債権関係）の改正に関する要綱案の原案（その2）補充説明」（民法（債権関係）部会資料86-2）・第28・1・（説明）1等を参照。

8）「民法（債権関係）の改正に関する要綱案のたたき台(7)」（民法（債権関係）部会資料73A。以下，「部会資料73A」）・第1・1（説明）1(1)。

用契約においては,「労務の履行に対し,その履行の割合に応じて報酬が支払われる」という原則を前提とすることが民法部会の審議過程で確認されている[10]。したがって,同原則も改正624条の2により明示されたことになろう。

これに対して,現実の労務の提供ができなかった場合の報酬請求権の帰趨については,従前同様,改正536条1項・2項の処理に委ねられる。

なお,同条は,任意規定であり,民法上はこれと異なる合意も許容される[11]。

(2) 適用場面　では,同条は具体的にいかなる場面につき定めるものなのか。部会の審議過程では以下の場面が想定されていた。すなわち,1号は,「当事者双方の責めに帰することができない事由によって履行不能となった場合及び労働者の責めに帰すべき事由によって履行不能となった場合」である[12]。

また,2号は「契約期間の満了及び契約で定められた労務が終了した場合を除く原因によって雇用が終了した場合」を指し,具体的には,雇用が解除された場合や労働者の死亡によって雇用が中途で終了した場合が想定される[13]。

(3) 「既にした履行の割合」　同条の「既にした履行の割合」とは,①労務全体に対して報酬が定められる場合と②期間をもって報酬が定められる場合とで異なる。①では「約定の労務全体に対する履行した労務の割合」を指し,②では「約定の期間に対する履行した期間の割合」を指す[14]。

2　626条（期間の定めのある雇用の解除）

626条については,現行の商工業の見習いに関する1項但書が現代の商慣習から見て合理性がないという理由で削除され[15],同項本文にも修正が加えられた。

(1) 1項本文　現行626条1項本文は,労基法14条1項の契約期間に関す

---

9)　部会資料73A・第1・1（説明）2(1)。

10)　部会資料73A・第1・1（説明）1(1)。

11)　部会資料73A・第1・1（説明）2(1)。

12)　「民法（債権関係）の改正に関する要綱仮案の原案（その3）補充説明」（以下,「部会資料81-3」。）第12（説明）1。

13)　同上。

14)　部会資料73A・第1（説明）2(1)。

15)　部会資料73A・第1・2（説明）1(1)ウ。

回顧と展望①

る規定と判例の展開により，相当程度意義が消失しているが，「一定の事業の完了に必要な期間を定めるもの」（労基法14条１項）や労基法の適用が除外される家事使用人（労基法116条２項）など一部の者については依然として意義が存在する[17]。他方で，当事者を長期間拘束する雇用契約の効力を認めるかのような規律は妥当でないから，現行同項本文の「雇用が当事者の一方若しくは第三者の終身の間継続すべき」という文言が，「その終期が不確定であるとき」に修正された[18]。これは，具体的には「きわめて高齢な者の存命中」という趣旨で本人やその家族が家事使用人を雇う場合のように，当事者の一方や第三者の終身の間の雇用契約が必ずしも公序良俗に反し無効とまでいえない場合を想定している[19]。

(2)　解除の予告期間の短縮　　さらに，同条２項の解除の予告期間が，使用者については従前同様３か月のままであるが，労働者については２週間と改正された。元々626条２項の適用されうる場面は「かなり限定」的であるが，労働者の予告期間として３か月は「長すぎて不当」であるとして，民法627条１項に合わせて修正された[20]。

3　627条２項・３項

使用者からの解約については，労基法20条があるため，現行627条２項，同３項が適用される場面は限定的であり[21]，また，労基法の適用がある契約の場合，労働者からの解約申入れが，現行627条３項により，使用者の場合（労基法20条参照）よりも長い３か月前であるのは「不合理」である[22]。また，同条２項，３項の「労働者の保護」の趣旨からすれば，これらの規定を労働者から使用者に対する辞職の申入れに適用する必要性はなく，一律に同条１項を適用すべきと

---

16)　旭川大学事件・札幌高判昭56・７・16労民集32巻３・４号502頁等。
17)　部会資料73A・第１・２（説明）１(1)ア。
18)　部会資料73A・第１・２（説明）１(1)イ。
19)　同上。
20)　部会資料73A・第１・２（説明）１(2)。
21)　中間試案・第42・３（概要）。
22)　部会資料73A・第１・３（説明）１(2)・(3)。

考えられた。そこで，現行同条2・3項の削除が考えられたが，そうすると，今度は，労基法の適用がない労働契約の使用者からの解約につき，解約申入れの期間を短期化することになる（現行同条1項参照）。しかし，その必要性もないから，同条2項につき，期間によって報酬を定めた場合に「使用者からの」解約の申入れが次期以降できると修正された。

　したがって，労働者からの解約の申入れ期間は2週間となり，使用者からの場合は現行法の規定が維持されることになる。

Ⅲ　危険負担制度の変更——反対債務の消滅構成から履行拒絶権構成へ

　中間試案第12・1は，帰責事由を問題としないものとして改正される解除制度との重複から，現行536条1項の危険負担における債務者主義の削除を提案したが，改正536条1項は，反対債務が当然に「消滅」する現行の構成ではない「履行拒絶権構成」を取るという制度変更を受けた上で残存している。

　改正同条2項も，上記の基本的な変更に対応して，従前の「反対給付を受ける権利を失わない」との文言から，「反対給付の履行を拒むことができない」との規定に改められた。しかしながら，雇用契約の場合には，労働者側の役務提供があって初めて具体的な報酬請求権が発生すると考えられている（Ⅱ1参照）。そこで，こうした構成と文言の変更により，改正536条2項では，使用者

---

23)　同上。

24)　中間試案第42・3，部会資料73A・第1・3（説明）(3)。

25)　「民法（債権関係）の改正に関する要綱案の取りまとめに向けた検討(17)」（民法（債権関係）部会資料81B）第5・2（説明）。

26)　「民法（債権関係）の改正に関する要綱仮案の第二次案　補充説明」（民法（債権関係）部会資料82-2）第37（説明）。

27)　「双務契約において債務者の帰責事由に依らない履行不能が生じた場合，解除も可能であり，危険負担の対象ともなる，という重複」（中田裕康『契約法』〔有斐閣，2017年〕163頁）を意味する。

28)　中田・前掲注27) 書164-165頁。

29)　そこで，「債務の履行不能を理由として反対債務を消滅させるためには，債権者は解除の意思表示をしなければならない。」（潮見佳男『民法（債権関係）改正法の概要』〔きんざい，2017年〕248頁）。

の「責めに帰すべき事由によって債務を履行することができなくなったとき」,現行の規定よりも「具体的報酬請求権の『発生』を根拠付けることには無理」[30]があるように思われる。とはいえ,立法過程でも確認されていたとおり,改正前と同様に,「具体的報酬請求権の『発生』を根拠付けることが可能」[32]である。

ただ,現行536条2項の有する労働契約に関する紛争処理にとっての重要性からすると,こうした条文の状況は心許ない。実際,同項の改正に対応するため,たとえば中間試案・第42・1⑵は,雇用の箇所に現行536条2項の規律を維持する規定を設けることを提案していた。しかし,結局,そうした規定は置かれなかった[33]。

そこで,このような雇用に特化した手当てが実現しなかった事実に鑑みれば,この規定の変更により混乱が生じないように,労契法において一定の立法的手当をすることも考えられる[34]。

Ⅳ　承諾期間の定めのない申込み

申込みの効力に関連して,まず確認しておくべきは,改正97条1項が,「意思表示は,その通知が相手方に到達した時から」効力を生ずると定めるようになった点である。したがって,通知の相手方「到達」前は,申込みの撤回は自由である[35]。そして,労働契約の辞職や合意解約に関しては,辞表などの提出先と通知の受領権限者が異なることが考えられるから,「到達」または「相手方」の解釈次第で意思表示の撤回の自由が同項により一定程度確保されうる[36]。

他方で,通知「到達」後は,労働契約の合意解約の申込みに関し,改正525

---

30)　潮見・前掲注29)249頁。
31)　「法制審議会民法（債権関係）部会第95回議事録」（以下,「第95回議事録」）13頁［金関係官発言］。
32)　潮見・前掲注29）249頁。
33)　部会資料81-3第12（説明）2参照。
34)　第95回議事録13頁［山川幹事発言］も参照。
35)　中田・前掲注27)書83頁。
36)　到達時期がいつかは,「解釈に委ねられ」る（潮見・前掲注29)書13頁）。

条 1 項（承諾の期間の定めのない申込み）の適用の有無が問題になる。というのも，同項は，現行524条のように「隔地者に対して」の申込みに限定せず，ただ，承諾の期間を定めずにした申込みは，「申込者が承諾の通知を受けるのに相当な期間を経過するまで」は撤回できない，「ただし，申込者が撤回をする権利を留保したときは，この限りでない。」と定める（同条には，対話者間の申込みに関する規定が新設されている〔同2・3項〕）からである。こうして，承諾の期間を定めずにした申込みは，相手方到達後は，隔地者間か否かに拘らず，原則として「相当な期間」が経過しなければ撤回できないと解される。そのため，同項がそのまま適用されるならば，これまで労働契約につき前提とされてきた合意解約に向けた意思表示の撤回[38]の自由が大幅に制限される恐れがある[39]。そこで，同条同項の労働契約の合意解約の申込みへの適用の有無が問題となる。

しかし，中間試案でも，上に見たような改正が実現しても「労働契約の特殊性に着目した解釈論」が維持されるべきとされていた[40]。したがって，従前同様撤回という構成を通じた意思表示の慎重な取扱いの方向性が支持されるべきと考える。

V　消滅時効

債権の消滅時効につき，「改正前民法の規律に抜本的変更」が加えられた[41]。まず，職業別の債権の短期消滅時効を定める現行170条ないし174条が全て削除された。そして，改正166条1項1号は，債権者が権利行使可能と「知った時から5年間行使しないとき」と権利行使が可能となった時から「10年間行使し

---

37)　対話者間については，対話が継続中は「いつでも撤回」できる（2項），対話が継続中に「申込者が承諾の通知を受けなかったときは」当該申込みが失効する（3項）と定める。労働者が辞職を一方的に宣言してその場を離れた場合などには，当該意思表示につき同条3項の適用が考えられる。

38)　大通事件・大阪地判平10・7・17労判750号79頁。

39)　武井寛「債権法改正と雇用の期間・終了」日本労働法学会誌123号（2014年）56頁，66頁。

40)　中間試案・第28・3・（補足説明）2。

41)　潮見・前掲注29)書46頁。

ないとき」，債権が時効により消滅すると定める。したがって，改正前は短期消滅時効の１年（現行174条１号）よりも労基法115条の「賃金（退職手当を除く。）」等の請求権に関する２年の消滅時効期間が労働者保護に資するものであったが，改正後は民法の債権の消滅時効期間の方が，労基法115条のそれよりも長くなる，という逆転現象が生じる。そこで，今後，この点につき，調整を図るか否か，また，調整を図るとしてそのあり方が問題となろう[42]。

また，不法行為による損害賠償請求権の消滅時効期間（３年と20年）について変更はない[43]。

ただし，改正167条，同724条の２が，「人の生命又は身体の侵害による損害賠償請求権の消滅時効」につき，それぞれ原則的な消滅時効期間に変更を加えており，その結果，債務不履行であれ不法行為であれ，「いずれの損害賠償請求権の消滅時効も，主観的起算点から５年，客観的起算点から20年で統一される」[44]。これにより，労働契約については，安全配慮義務等をめぐる損害賠償請求につき，消滅時効の点での債務不履行構成のメリットはなくなる[45]。

なお，不法行為と債務不履行の起算点は，「実質的には同じ時点」[46]になる。

VI おわりに

債権法改正は，当初構想されたほどの規模で実現したわけではない。しかし，新たな危険負担制度の例にみられるように，雇用ないし労働契約上の処理に改正と共に生じた不透明性が目に付く。改正内容の把握と共に，労契法等による労働契約に特化した制度の構想も視野に入れていくべきであろう。

（しんやしき　えみこ）

---

42) 菅野和夫『労働法〔第11版補正版〕』（弘文堂，2017年）160頁，唐津博「民法改正案（事項・受領強制・危険負担）と労働法上の課題」法時82巻11号（2010年）37頁を参照。また，既に，厚生労働省に「賃金等請求権の消滅時効の在り方に関する検討会」が設置されている。
43) ただし，20年の期間について，判例の除斥期間構成を廃止して消滅時効構成が採用された（潮見・前掲注29)書48頁）。
44) 潮見・前掲注29)書49頁。
45) 唐津・前掲注42)論文39頁。
46) 潮見・前掲注29)書49頁。

割増賃金を年俸に含めて支払う合意と労基法37条
——医療法人社団康心会事件・最二小判平29・7・7労判1168号49頁——

岡 本 舞 子

(九州大学大学院)

I 事実の概要

1 **(1)** 医師であるX（原告・控訴人兼附帯被控訴人・上告人）は，平成24年4月に，医療法人Y（被告・被控訴人兼附帯控訴人・被上告人）との間で，次の内容の雇用契約を締結した。年俸1700万円（①本給月額86万円，②諸手当（役付手当・職務手当・調整手当）月額34万1000円，③賞与（本給3か月分相当額を基準として成績により勘案））とする（以下，①と②を合計した120万1000円を「月額給与」という）。週5日勤務，所定労働時間8：30〜17：30（休憩1時間）を基本とするが，業務上必要がある場合には，これ以外の時間帯でも勤務しなければならず，その時間外勤務に対する給与は，医師時間外勤務給与規程（以下「本件規程」）の定めによる。

(2) 本件規程は，①時間外手当の対象となる業務は，原則として，病院収入に直接貢献する業務又は必要不可欠な緊急業務に限ること，②医師の時間外勤務に対する給与は，緊急業務における実働時間を対象として，管理責任者の認定によって支給すること，③時間外手当の対象となる時間外勤務の対象時間は，勤務日の21：00〜翌日8：30の間及び休日に発生する緊急業務に要した時間とすること，④通常業務の延長とみなされる時間外業務は，時間外手当の対象とならないこと，⑤当直・日直の医師に対し，別に定める当直・日直手当を支給すること等を定めていた。

(3) XYの雇用契約においては，本件規程により支払われるもの以外の時間外労働等に対する割増賃金について，年俸1700万円に含まれることが合意され

回顧と展望②

ていたが（以下「本件合意」），上記年俸のうち時間外労働等に対する割増賃金に
当たる部分は明らかにされていなかった。

2　Yは，Xに対し，前記1(1)の本給及び諸手当のほか，本件規程に基づ
き，合計27.5時間の時間外労働（うち合計7.5時間は深夜労働）に対する時間外手
当として合計15万5300円を，当直手当として合計42万円を，それぞれ支払った。
上記時間外手当は，Xの1か月当たりの平均所定労働時間及び本給の月額86
万円を計算の基礎として算出されたものであり，深夜労働を理由とする割増し
はされていたが，時間外労働を理由とする割増しはされていなかった。

3　平成24年9月にYはXを解雇し，Xがこれを争って，雇用契約上の地
位確認等及び時間外割増賃金等の支払を求めた。第1審（横浜地判平27・4・23
労判1168号61頁）は，地位確認等の請求を棄却する一方，割増賃金については，
上記2の時間外手当につき割増率の不足等により生じた未払割増賃金額のみを
認容した。他方で，本件合意は，医師としての業務の特質に照らして合理性が
あり，Xの労務提供の裁量や高額の給与等からも，労働者としての保護に欠
けるおそれはなく，Xの月額給与のうち割増賃金に当たる部分を判別するこ
とができないからとって不都合はないため，本件規程に基づき支払われたもの
以外の割増賃金は，Xの月額給与及び当直手当に含めて支払われたと判断し
た。これに対して双方が控訴し，原審（東京高判平27・10・7労判1168号55頁）も
第1審の判断を維持した。そこで，Xが敗訴部分につき上告した。

II　判　旨（一部破棄差戻し，一部棄却）

1　「労働基準法37条が時間外労働等について割増賃金を支払うべきことを
使用者に義務付けているのは，使用者に割増賃金を支払わせることによって，
時間外労働等を抑制し，もって労働時間に関する同法の規定を遵守させるとと
もに，労働者への補償を行おうとする趣旨によるものであると解される」（静
岡県教職員事件・最一小判昭47・4・6民集26巻3号397頁参照）。「また，割増賃金
の算定方法は，同条並びに政令及び厚生労働省令の関係規定（以下，これらの規
定を『労働基準法37条等』という。）に具体的に定められているところ，同条は，

労働基準法37条等に定められた方法により算定された額を下回らない額の割増賃金を支払うことを義務付けるにとどまるものと解され，労働者に支払われる基本給や諸手当（以下『基本給等』という。）にあらかじめ含めることにより割増賃金を支払うという方法自体が直ちに同条に反するものではない。」

2　「他方において，使用者が労働者に対して労働基準法37条の定める割増賃金を支払ったとすることができるか否かを判断するためには，割増賃金として支払われた金額が，通常の労働時間の賃金に相当する部分の金額を基礎として，労働基準法37条等に定められた方法により算定した割増賃金の額を下回らないか否かを検討することになるところ，同条の上記趣旨によれば，割増賃金をあらかじめ基本給等に含める方法で支払う場合においては，上記の検討の前提として，労働契約における基本給等の定めにつき，通常の労働時間の賃金に当たる部分と割増賃金に当たる部分とを判別することができることが必要であり」（高知県観光事件・最二小判平6・6・13労判653号12頁，テックジャパン事件・最一小判平24・3・8労判1060号5頁，国際自動車事件・最三小判平29・2・28労判1152号5頁参照)，「上記割増賃金に当たる部分の金額が労働基準法37条等に定められた方法により算定した割増賃金の額を下回るときは，使用者がその差額を労働者に支払う義務を負うというべきである。」

3　「XとYとの間においては，」本件規程「に基づき支払われるもの以外の時間外労働等に対する割増賃金を年俸1700万円に含める旨の本件合意がされていたものの，このうち時間外労働等に対する割増賃金に当たる部分は明らかにされていなかった……。そうすると，本件合意によっては，Xに支払われた賃金のうち時間外労働等に対する割増賃金として支払われた金額を確定することすらできないのであり，Xに支払われた年俸について，通常の労働時間の賃金に当たる部分と割増賃金に当たる部分とを判別することはできない。

したがって，YのXに対する年俸の支払により，Xの時間外労働及び深夜労働に対する割増賃金が支払われたということはできない。」

4　「Yが，Xに対し，通常の労働時間の賃金に相当する部分の金額を基礎として労働基準法37条等に定められた方法により算定した割増賃金を全て支払ったか否か，付加金の支払を命ずることの適否及びその額等について更に審理

を尽くさせるため，上記部分につき本件を原審に差し戻す」。「なお，その余の請求に関する上告については……棄却する」。

Ⅲ　検　　討

1　本判決の意義と特徴

本件は，年俸に割増賃金を含めて支払うとする合意の下での年俸の支払によって，労基法37条の割増賃金が支払われたといえるか否かが争われた事案である。本判決は，同条の趣旨から，固定残業代制の場合に割増賃金が支払われたといえるか否かの判断枠組みを示したうえで（判旨1・2），支払われた年俸につき，通常の労働時間の賃金部分と割増賃金部分とが判別できないことを理由に，割増賃金が年俸に含めて支払われたとはいえないと判断した（判旨3）。

判旨1は，労基法37条の趣旨に「時間外労働等の抑制」が含まれることを，最高裁として初めて明示したものとして意義がある[2]。そのうえで，判旨1・2は，固定残業代制一般に妥当する形で，同条の割増賃金支払義務に関する判断枠組みを示したという意義があり，特に，それを同条の趣旨から導いている点に特徴がある。そして，判旨3は，労務提供の裁量や高額の給与等を理由に，割増賃金部分を判別できなくても同条に違反しないとした原審の判断を，最高裁が明確に否定したものであり，「判別」を徹底して求める立場といえる。したがって，実務上も，割増賃金部分の明確な区分とその趣旨の明示が強く求められることになる。

2　労基法37条の趣旨

判旨1引用の静岡県教職員事件は，「労働基準法37条が，例外的に許容された時間外労働に対して割増賃金の支払を義務づけているのは，それによって，

1）　本稿では，判旨1のいう「労働者に支払われる基本給や諸手当……にあらかじめ含めることにより割増賃金を支払うという方法」を，「固定残業代制」という。

2）　水町勇一郎「高報酬の勤務医の定額残業代の労基法37条違反性―医療法人Y事件」ジュリ1510号（2017年）4頁（5頁参照）。

労働時間制の原則の維持を図るとともに，過重な労働に対する労働者への補償を行なおうとするものである」と述べていた。そこには，労基法37条が，割増賃金を課すことで，例外的に許容された時間外労働の抑制を図るという趣旨も含まれていたと解される。

　判旨1は，それを敷衍し，労基法37条の趣旨を示したものであり，かつ，同条の有する時間外労働等の抑制という政策的意図を明確にした。すなわち，判旨1は，労基法37条の趣旨が，①使用者に割増賃金を支払わせることにより，時間外労働等を抑制すること，及び，②割増賃金によって時間外労働等を行った労働者に対する補償を行うことであることを明らかにした。①については，使用者に経済的負担を課すことにより，時間外労働等を抑制する趣旨と解される[3]。

　判旨1の労基法37条の趣旨によれば，時間外労働等と割増賃金支払の対応関係は，上記①の趣旨から，時間外労働等に対する使用者への経済的負担という側面を有し，上記②の趣旨から，労働者に支払われる賃金としての時間外労働等に対する対価性という側面を有するといえる。

　そして，この労基法37条の趣旨の理解が，判旨2の同条の割増賃金支払義務の判断枠組み及び判旨3での具体的な判断に反映されていると考えられる。

3　固定残業代制と労基法37条の割増賃金支払義務

　(1)　本判決の判断枠組み　　判旨1は，労基法37条は，同条等により算定した額を下回らない額の割増賃金を支払うことを義務づけるにとどまるとして，判旨2引用の国際自動車事件と同様の解釈を示したうえで，固定残業代制自体が，直ちに同条に反するものではないと述べた。しかし，他方で，同条の割増賃金が支払われたか否かは問題になるとして，判旨2で，次のような判断枠組みを示した。

　労基法37条の趣旨によれば，固定残業代制で割増賃金を支払う場合，「通常の労働時間の賃金に当たる部分と割増賃金に当たる部分とを判別することがで

3）　東京大学労働法研究会『注釈労働時間法』（有斐閣，1990年）483頁，東京大学労働法研究会『注釈労働基準法　下巻』（有斐閣，2004年）630頁［橋本陽子執筆部分］参照。

きることが必要」であり（第1段階：判別要件[4]），割増賃金に当たる部分の金額が同条等による割増賃金額を下回る場合に，使用者は差額支払義務を負う（第2段階：金額適格性[5]）。

（2）「判別」の要件化の流れと本判決の位置づけ　固定残業代制により割増賃金が支払われたといえるか否かが争われた，判旨2引用の高知県観光事件，テックジャパン事件では，時間外労働等をした場合に賃金が増額するか（「時間比例性」）と「判別要件」が考慮されていた。

判別要件が必要とされる理由は，前掲テックジャパン事件櫻井裁判官補足意見が述べるように，「使用者が割増の残業手当を支払ったか否かは，罰則が適用されるか否かを判断する根拠となるものであるため，時間外労働の時間数及びそれに対して支払われた残業手当の額が明確に示されていることを法は要請している」からである。他方で，時間比例性の位置づけは判例上必ずしも明らかではなかった[6]。

そのような状況の下，本判決の直前に出された前掲国際自動車事件では，歩合給から割増金相当額を控除する規定の有効性が争点となった事案であったが，労基法37条の割増賃金が支払われたといえるか否かの判断枠組みが示された。それは，「判別要件」を検討したうえで，割増賃金として支払われた金額が，同条等により算定された割増賃金額を下回らないか（「金額適格性」）を検討すべきというものである。本判決がこれと同様の判断枠組みを用いたことによっ

4）　固定残業代制の場合に，賃金について通常の労働時間部分と割増賃金部分とが判別できることが必要という要件は，「明白区分性」（本件第1審・原審）や，「明確区分性」（例えば，松井良和「歩合給の計算に当たり割増賃金相当額を控除する賃金規定の有効性―国際自動車事件・最三小判平29・2・28労判1152号5頁」日本労働法学会誌130号（2017年）194頁）と表現されることもあるが，最高裁判例としては，判旨2引用の高知県観光事件，テックジャパン事件，国際自動車事件で一貫して，「判別」という表現が用いられていることから，本稿では「判別要件」という用語を用いる。また，「判別要件」という用語を用いるものとして，水町・前掲注2）5頁，渡辺輝人「固定残業代に関する今後の実務のあり方―医療法人社団康心会事件・最二小判平29・7・7の検討」労旬1893号（2017年）34頁参照。

5）　松井・前掲注4）197頁参照。

6）　浜村彰「歩合給と時間外・深夜割増手当―高知県観光事件」『平成6年度重要判例解説』臨増ジュリ1068号（1995年）197頁（199頁）は，時間比例性を補足的指標と位置づける。

て，当該判断枠組みが，固定残業代制一般に妥当することが明らかになった。

　本判決が前掲国際自動車事件と異なるのは，労基法37条の趣旨から判別要件を導いている点である。本判決の判示は，判別ができなければ，①使用者に割増賃金を課すことにより時間外労働等を抑制する趣旨が担保されているのかが不明であり，②時間外労働等を行った労働者への補償が行われているかも判断できず，同条の趣旨から許されないという意味であると思われる。判別要件は，本判決によって，同条の趣旨からも本質的に要請されるものとして位置づけられたといえる。

4　判別要件の徹底

　判旨3と同様に，原審も，Xの月額給与のうち，通常の労働時間の賃金部分と割増賃金部分とを判別できないと判断していた。一方で，原審は，本件規定の定めにより，Xも時間外手当を請求できる場合を認識できていたため，「明白区分性の点からも不都合はない」とした。つまり，原審は，支払われた賃金についての判別不能よりも，本件規程及び当事者の認識を重視したことになる。

　それに対し，判旨3は，支払われた年俸についての通常の労働時間の賃金部分と割増賃金部分との判別不能を理由に，年俸に含めて割増賃金が支払われたとはいえないと結論づけた。本判決は，判別要件を徹底して求める立場を示すものといえる。労基法37条の割増賃金が支払われたといえるか否かは，同条違反が罰則の対象になることからも，客観的に評価されるべきものといえ，支払われた賃金における客観的な判別不能をもって判断した本判決は妥当である。

　なお，原審は，その他に「医師としての職務及び責任」や給与額が「好待遇な金額」といった点も考慮していたが，本判決は，そうした点に全く言及せず，判別要件のみを基準に判断を行い，そうした事情に関係なく，固定残業代制の場合，本判決の判断枠組みが等しく妥当することを明らかにした。時間外労働等の抑制という労基法37条の趣旨は，医師のように仕事内容の専門性や自由度が高い場合や有利な給与設定の場合でも，当然適用されるものであり，本判決の判断は妥当である。[7]

本判決を受けて出された通達[8]では，固定残業代制の場合，「基本賃金等の金額が労働者に明示されていることを前提に」「割増賃金に当たる部分について，相当する時間外労働等の時間数又は金額を書面等で明示する」よう要請されており，実務的にも判別要件の徹底が図られている。また，こうした事項の労働契約における明示は，労働条件明示義務（労基法15条）や契約内容の理解促進（労契法4条）の観点からも要請されると解される。

5　判別の可否の判断

判旨3は，本件合意で年俸の割増賃金部分が明らかにされておらず，本件合意によっては割増賃金として支払われた金額を確定することすらできないため，判別不能と判示している。つまり，支払われた賃金のうち「割増賃金部分」の金額が確定できない場合には，判別不能と判断されるといえる。

他方で，これまでに「判別できる」と明確に判断した最高裁判例はなく，どのような場合に判別できると判断されるのかは必ずしも明らかではない。判別できると判断された場合，支払われた賃金の「割増賃金部分」は，労基法37条の割増賃金の算定基礎となる賃金から除外すべきことになる[9]。そして，同条5項の除外賃金への該当性が，名称にかかわらず実質により判断される[10]ことに照らせば，同様の効果を生むことになる，固定残業代制における「割増賃金部分」を判別可能とする判断には，その金額の確定に加えて，「割増賃金部分」が，労基法37条の割増賃金の実質を有することが必要になると思われる[11]。

さらに，判旨2の判断枠組みによれば，判別できるとされた「割増賃金部

---

7)　前掲テックジャパン事件櫻井裁判官補足意見では，「格段に有利な給与設定」や，「仕事の内容等」の「自由度や専門性が特別高」いことが，「特段の事情」で考慮されていた。本件は，そうした「特段の事情」に該当するような事案ではないと思われる。

8)　平成29・7・31基監発0731第1号。

9)　これを算定基礎に入れると二重の割増になってしまうためである（岩出誠「みなし割増賃金をめぐる判例法理の動向とその課題」菅野和夫先生古稀記念『労働法学の展望』（有斐閣，2013年）337頁（341頁））。

10)　昭和22・9・13発基17号，小里機材事件・最一小判昭63・7・14労判523号6頁参照。

11)　渡辺輝人「固定残業代制に関する実務対応の検討─国際自動車事件最高裁判決（平29・2・28）を受けて」労旬1886号（2017年）21頁（23頁参照）。

分」は，労基法37条等により算定した割増賃金額から差し引かれることになり，労基法37条の割増賃金に充当される効果を持つ。この点からも，「割増賃金部分」が，同条の割増賃金の実質を有することが必要であるといえる。

そして，「割増賃金部分」が，労基法37条の割増賃金としての実質を有しているかの判断について，同条の趣旨（検討２参照）を考慮すれば，時間外労働等に対する対価性[12]といった要素が，考慮要素となりうると考えられる。

（おかもと　まいこ）

12）　例えば，割増賃金として支払うとする賃金が，営業活動に伴う経費を賄う趣旨で支給されていた場合には，実質的な時間外労働の対価としての性格は否定されることになる（アクティリンク事件・東京地判平24・8・28労判1058号5頁）。

労働契約法20条における
不合理性の判断方法と損害額の認定
——日本郵便（時給制契約社員ら）事件・
東京地判平29・9・14労判1164号5頁——

岡 村 優 希

（同志社大学）

I 事実の概要

　原告Xらは時給制契約社員（有期）としてY社に雇用される労働者であり，郵便外務事務や窓口業務等に従事していた。被告Y社においては，上記時給制契約社員の他に，①旧一般職（旧人事制度），②地域基幹職（新人事制度）及び③新一般職（新人事制度）といったように，複数区分の正社員が存在していた。これら時給制契約社員及び各正社員の間には，従事する職務，昇任昇格の有無，配置転換の有無や範囲等について差異が見られる。すなわち，①は外務・内務事務の双方にわたる幅広い職務への従事，管理者への昇任昇格（担当者，主任，課長代理，及び，統括課長・課長の順に4等級の昇任昇格が予定）や配置転換が予定されており，②も同様に幅広い業務への従事，昇任昇格，配置転換が想定されている。これに対して，③は従事すべき業務が標準的な業務（窓口営業・各種事務等）に限られるとともに，人事異動の範囲も転居を伴わない範囲に抑えられており，昇任昇格も予定されていない。これが時給制契約社員となるとさらに限定的なものとなっており，従事すべき業務が外務事務・内務事務のうち特定の業務のみに限られるとともに，そもそも職位が付されず昇任昇格もないばかりか，職場と職務内容を限定して採用されているので，異動の際には契約の再締結が行われている。また，人事評価項目が正社員のものよりも限定的なものとなっていることに加え，勤務時間等が指定されている者もいる。

　このような事情のもと，原告Xらは，比較対象とすべき正社員との間で，

外務業務手当，年末年始勤務手当，早出勤務等手当，祝日給，夏期年末手当，夏期冬期休暇，病気休暇，夜間特別勤務手当，及び，郵便外務・内務業務精通手当について不利益な相違が見られるが，これらは労契法20条に照らして不合理なものであるとして，正社員用就業規則等が適用される労働契約上の地位にあることの確認，及び，労働契約又は不法行為に基づく差額分の支払いを求めた。

Ⅱ 判 旨 （請求一部認容）

1 (1) 労契法20条は，有期・無期契約労働者間の「労働条件の相違が不合理なものであることを禁止する趣旨であるところ，同条の『期間の定めがあることにより』という文言は，……当該有期契約労働者と無期契約労働者の間の労働条件の相違が，期間の定めの有無に関連して生じたものであることを要する趣旨」と解される。

(2) 労契法20条は，上記労働条件相違について，①職務の内容，②当該職務の内容及び配置の変更の範囲③その他の事情を考慮して，「『不合理と認められるものであってはならない』と規定し，『合理的でなければならない』との文言を用いていないことに照らせば，同条は，……（上記労働条件の相違が）不合理と評価されるかどうかを問題としているのであって，合理的な理由があることまでを要求する趣旨ではない。」

(3) 「不合理性については，労働者において，相違のある個々の労働条件ごとに，当該労働条件が期間の定めを理由とする不合理なものであることを基礎付ける具体的事実（評価根拠事実）についての主張立証責任を負い，使用者において，当該労働条件が不合理なものであるとの評価を妨げる具体的事実（評価障害事実）についての主張立証責任を負（っており）」，①②③の「諸要素を総合考慮した結果，当該労働条件の相違が不合理であると断定するに至らない場合には，当該相違は同条に違反するものではないと判断されることになる。」

(4) 労契法20条は，「その規定の構造や文言等からみて，……両当事者の主張立証に係る①から③までの各事情を総合的に考慮した上で不合理と認められ

回顧と展望③

るか否かを判断する趣旨であると解される。」①は考慮要素の一つにすぎないのであるから，「同条は，同一労働同一賃金の考え方を採用したものではなく……，有期契約労働者と無期契約労働者との間で一定の賃金制度上の違いがあることも許容するものと解される。」

(5)　「個別の労働条件ごとに相違の不合理性を判断する場合においても，個々の事案における（各労働条件の密接関連性等の）……事情を『その他の事情』として考慮した上で，人事制度や賃金体系を踏まえて判断することになるのであるから」，各労働条件を個別的に判断すること自体が不適切とは言えない。

(6)　新人事制度のもとでは，「原告ら契約社員と労働条件を比較すべき正社員は，（総合職や地域基幹職ではなく）担当業務や異動等の範囲が限定されている点で類似する新一般職とするのが相当である。」他方で，旧人事制度のもとでは，旧一般職のうち，担当者，主任の「担当職務や異動の範囲が限定されているとは認められない」ことからすると，担当者，主任に限らず，旧一般職（全体）を比較対象とすべきである。

(7)　従事すべき業務の範囲，昇任昇格の有無・実績，職位の有無，配置転換の有無，勤務時間等の限定性，人事評価項目等の「諸事情を総合考慮すると，正社員のうち旧一般職……と時給制契約社員との間には，職務の内容及び配置の変更の範囲に大きな相違があり，新一般職と時給制契約社員との間にも，一定の相違があると認められる。」

2　(1)　「長期雇用を前提とした正社員に対してのみ，年末年始という最繁忙時期の勤務の労働に対する対価として特別の手当を支払い，同じ年末年始の期間に労働に従事した時給制契約社員に対し，当該手当を全く支払わないことに合理的な理由があるということはできない。もっとも，年末年始勤務手当は，正社員に対する関係では，……長期雇用への動機付けという意味がないとはいえないことから，正社員のように長期間の雇用が制度上予定されていない時給制契約社員に対する手当の額が，正社員と同額でなければ不合理」とまでは言えない。

(2)　「（転居を伴う配置転換等が予定されている）旧一般職に対して住居手当を支

給することは一定の合理性が認められ，長期雇用を前提とした配置転換等のある正社員である旧一般職に対して住宅費の援助をすることで有為な人材の獲得，定着を図ることも人事上の施策として相応の合理性が認められる（ので）……，旧一般職と時給制契約社員との間の住居手当の支給に関する相違は，不合理と認めることはできない。」他方で，（転居を伴う人事異動等が予定されていない）新一般職に対して住居手当が支給されているにもかかわらず，「同じく転居を伴う配置転換等のない時給制契約社員に対して住居手当が全く支給されてないことは，先に述べた人事施策上の合理性等の事情を考慮に入れても，合理的な理由のある相違ということはできない。」もっとも，長期的勤務への動機付けの観点からすれば，「住居手当の額が，正社員と同額でなければ不合理であるとまではいえない」。

3　(1)　本条に違反する労働条件の定めは無効というべきであり，当該取扱いには不法行為（民法709条）が成立し得る。他方で，本条の補充的効力については，明文規定の不存在に加え，「無効とされた労働条件の不合理性の解消は，使用者の人事制度全体との整合性を念頭に置きながら，有期契約労働者と無期契約労働者の想定される昇任昇格経路や配置転換等の範囲の違い等を考慮しつつ，従前の労使交渉の経緯も踏まえた労使間の個別的あるいは集団的な交渉の結果も踏まえて決定されるべきであることに照らし，」これを否定すべきである。

(2)　損害賠償請求（不法行為）で対象となる労働条件には「同条の定める職務の内容等に関する相違の内容や程度等及び当該労働条件の性質や相違する程度等の総合判断により，無期契約労働者と同一内容でないことをもって直ちに不合理であると認められる労働条件」と「無期契約労働者と同一内容の労働条件ではないことをもって直ちに不合理であるとまでは認められないが，有期契約労働者に対して当該労働条件が全く付与されていないこと，又は付与はされているものの，給付の質及び量の差異の程度が大きいことによって不合理であると認められる労働条件」があるものと解される。前者については，「差異の存在自体が不合理であるから」，「無期契約労働者に対する手当等との差額全額

を損害と認めるべきである」のに対し，後者については，「不合理性をどのように解消すべきかという観点から」，不合理とされた手当等の額と本条に違反しない形で付与されるべき手当等の額との差額を損害と認めるべきである。しかし，その額の立証が極めて困難であるから，民事訴訟法248条に従って相当な損害額を認定すべきであり，年末年始勤務手当の8割相当額，住居手当の6割相当額を損害と認めるのが相当である。他方で，夏期冬期休暇及び病気休暇の相違については，同様に労契法20条に違反するものの，これに係る損害賠償請求がなされていないので，不法行為を理由とする請求は認められない。

Ⅲ　検　討　(結論賛成，判旨1(2)に疑問，判旨3(1)に一部疑問)

1　本判決の意義と特徴

　本件は，無期契約労働者と有期契約労働者との間に認められる諸手当・休暇 (外務業務手当，夏期冬期休暇等) の相違が労契法20条に照らして不合理か否か，不合理と言える場合にはどのような救済が与えられるべきかが争われた事案である。本条に関する裁判例は相当数見られるが，本件の事案上の特徴は，基本給の差異が問題とされず，諸手当・休暇に限って不合理性が争われている点にある。これら手当等は，基本給と異なり，労働条件ごとに異なった固有の意義や導入経緯を有しているので，不合理性判断にあたっては，それらを具体的に斟酌することが重要となるところ，本判決は，従来の裁判例を踏まえつつも，各手当・休暇の固有の意義等に踏み込んだより詳細な判断を行う点で，重要な意義を有するものと解される。

　以下，本稿では，本判決の判断構造に従い，①本条の適用の有無，②不合理性判断 (判断枠組み，判断態様，比較対象者の選定，不合理性の個別具体的審査)，③補充的効力の有無，④損害額の認定の順に検討を行うこととする。

2　労契法20条の適用の有無──「期間の定めがあることにより」の解釈

　本判決 (判旨1(1)) は，労契法20条にいう「期間の定めがあることにより」という文言を適用要件として位置づけており，労働条件の相違が期間の有無と

関連性を有していることが必要であると判断している。

　この点，学説上は，①この文言が労働条件相違と期間の定めとの法的因果関係を要求するものであるという見解[1]や，②この文言を適用要件ではなく不合理性判断における考慮要素として位置付ける見解[2]が見られる。これに対して，裁判例では，③この文言は適用要件として相違が期間の定めに関連して生じていることを要求するものであるとの立場が示されている[3]。本判決は，関連性を要求している点で③を踏襲するものと解され，これに一事例を加える意義がある。適用範囲の問題について，裁判例上は③の立場が定着しつつあると言って良い[4]。

3　労働条件相違の不合理性判断

(1)　不合理性判断に関する判断枠組み　　本判決（判旨1(2)）は，労契法20条が「合理的でなければならない」ではなく「不合理と認められるものであってはならない」という文言を用いていることから，合理的理由の存在までを要求するものではないと判断している。この見解は，不合理な相違を違法とする一方で，合理的理由がない場合でも適法性を肯定する余地を残しており，労働条件相違に「合理的理由はないが不合理であるとも言えない」場合を認めるものと解される。

　この点について，学説では，①労働条件の相違には合理的理由がなければならないとする立場[5]と，②当該相違が合理的でなくとも不合理でなければ労契法

1）　西谷敏ほか『新基本法コンメンタール労働基準法・労働契約法』（日本評論社，2012年）430頁［野田進］，緒方桂子「改正労働契約法20条の意義と解釈上の課題」季労241号（2013年）23頁。

2）　深谷信夫ほか「労働契約法20条の研究」労旬1853号（2015年）20-21頁［沼田雅之］，山本陽大「判批（ハマキョウレックス（差戻審）事件）」労判1148号（2017年）10-11頁等。

3）　長澤運輸事件（二審）・東京高判平28・11・2労判1144号16頁，長澤運輸事件（一審）・東京地判平28・5・13労判1135号11頁，メトロコマース事件・東京地判平29・3・23労判1154号5頁，ハマキョウレックス（差戻審）事件（二審）・大阪高判平28・7・26労判1143号5頁。

4）　野川忍「判批」季労259号（2017年）118頁。

5）　西谷敏『労働法〔第2版〕』（日本評論社，2013年）452頁，浜村彰ほか『ベーシック労働法〔第6版補訂版〕』（有斐閣，2016年）248頁［奥田香子］，深谷ほか・前掲注2）論文25頁以下［深谷信夫］，土田道夫『労働契約法〔第2版〕』（有斐閣，2016年）795頁以下等。

回顧と展望③

20条に違反しないとする立場の対立が見られる。両者の違いは，①説が合理的な理由がある場合のみを適法とするのに対して，②説は，これに加え，合理的ではないが不合理とまでは言えない場合でも適法性を肯定する点にあると指摘されており，①説よりも不合理性を肯定する余地が縮小されるものと解される。この点，一部の裁判例では②説に立つと思われる判断が示されていたところ，本判決は，このような判断を踏襲するものと解される。

　もっとも，本判決は，具体的判断において①説に立つかのような判断を示しており，判断枠組みとの対応関係に不明瞭な部分が見られる。これは不合理性が肯定された労働条件について顕著であるが，例えば年末年始勤務手当については，「同じ年末年始の期間に労働に従事した時給制契約社員に対し，当該手当を全く支払わないことに合理的な理由があるということはできない。……したがって，年末年始手当に関する……相違は……不合理なものであると認められる」として，合理的理由がないことを理由に不合理性を肯定する判断を示している（判旨2(1)）。住居手当・夏期冬期休暇・病気休暇についても同様である。このような具体的判断は，合理・不合理という二分法のもとで，前者を肯定できない以上は後者と評価するものと解され，①説との親和性が看取されるところである。換言すれば，本判決においては，判断枠組みの定立場面で明示された判断枠組み（②説）と，具体的判断から推認される判断枠組み（①説）という二重の判断が示されていると解することもできる。

　この点，評者としては，有期契約労働者の公正な処遇を促進し，本条の実効性を高めるという観点から①説に共感を抱く。一方，②説については，不合理性が相対的な概念であって合理性との対比の中で判断せざるを得ない性質のものであることを考慮すると，具体的にどのような事情が「合理的理由はないが

6）　荒木尚志＝菅野和夫＝山川隆一『詳説労働契約法〔第2版〕』（弘文堂，2014年）234頁以下，菅野和夫『労働法〔第11版補正版〕』（弘文堂，2017年）337頁等。

7）　緒方桂子「労契法20条解釈の視座―『不合理』性の意味を中心に」日本労働法学会誌128号（2016年）52-53頁。

8）　前掲注3）メトロコマース事件。森戸英幸「判批（メトロコマース事件）」ジュリ1507号（2017年）5頁参照。

9）　野川・前掲注4）論文118-119頁の指摘も参照。

不合理であるとも言えない」場合に該当するのかが必ずしも明確ではなく，不合理性判断における法的安定性を損なう可能性があるとの疑問を有している。以上から，本判決については，①説に親和的な具体的判断（判旨2）を積極的に評価すべきと考える。その反面，判断枠組みを定立する場面で②説を採用する点に疑問があるとともに，そもそも判断枠組みを実質的に二重に示すような不透明性を残している点についても，首肯できないところがある。

(2)　労働条件相違の不合理性判断は個別的・総合的いずれの態様で行うべきか　　本判決では，労働条件の相違の不合理性を労働条件ごとに個別的に判断する枠組みが示されている。この点，従来の裁判例では，①各種労働条件を総合して判断する立場[10]と②個別的に判断する立場[11]の双方が示されてきた。これらのうち，本判決は，各労働条件の個別的検討を行う点で②説の系譜に属するものと考えられる。

この点，学説上は，②説を採る見解が見られる[12]一方で，①説を支持すべき場合があるという有力な見解も見られる[13]。この見解は，不利益的な労働条件がある一方で，有期雇用労働者に対してのみ独自の手当が支給され，全体として不利益が認められないような場合もありうるが，個別的判断を行うと，不利益的な労働条件のみを取上げることが可能となり，他の利益的条件を考慮しないまま不合理性判断を行うことになるのではないかとして個別的判断に疑問を呈している[14]。他方で，総合判断を行うと，その内容・方法によっては，各労働条件の特質を一定程度捨象することとなり，不合理性判断の実質性に悖る可能性が出てくることから，個別的判断を行うべき要請も依然として存在しうると考え

---

10)　ハマキョウレックス（差戻審）事件（一審）・大津地彦根支判平27・9・16労判1135号59頁（但し，通勤手当のみは個別的判断），前掲注3）長澤運輸事件（二審），前掲注3）長澤運輸事件（一審）。

11)　前掲注3）ハマキョウレックス（差戻審）事件（二審），前掲注3）メトロコマース事件。

12)　櫻庭涼子「労働契約法20条　期間の定めがあることによる不合理な労働条件の禁止」荒木尚志編『有期雇用法制ベーシックス』（有斐閣，2014年）114頁，西谷ほか・前掲注1）書431頁［野田進］等。なお，施行通達（第5の6(2)オ）も参照。

13)　荒木尚志「判批（長澤運輸事件）」労判1146号（2017年）18頁，荒木＝菅野＝山川・前掲注6）書233-234頁。

14)　荒木・前掲注13)論文18頁。

回顧と展望③

られる。以上を踏まえて，本判決（判旨1(5)）を見ると，②説に基礎を置き，各労働条件に固有の意義等を踏まえた実質的判断を可能としつつ，他方で人事制度上の体系性を「その他の事情」として考慮し，各労働条件間の相互関係に配慮することで①説を部分的に摂取する判断であると評価できる。

（3）比較対象者の選定　　本判決は（判旨1(6)），旧人事制度のもとでは旧一般職全体と比較すべきであると解しつつ，新人事制度のもとでは比較対象者を有期労働者と職務内容等が類似する新一般職に限定する判断を示した。これは，比較対象者の限定を否定していた一部の裁判例の判断と対照的である。

　この判断については，以下のように考える。すなわち，労働条件の相違が明らかであるという前提条件のもとでは，職務内容等の相違が小さければ小さいほど労働条件相違の不合理性を肯定する余地が大きいものとなる。したがって，新人事制度については，比較対象者を限定する結果，そのような限定を付さなかった旧人事制度と比較して不合理性がより肯定されやすい結果となりうる。本判決は，あくまで事例判断的な検討を行うにとどまり，一般的な判断基準を提示しているわけではないが，上記の判断から推し量ると，判決の根底には，有期契約労働者との類似性を肯定できれば可能な限り比較対象者を限定的に選定すべきとの判断が存在するのではないかと考えられる。この点，学説では，職務内容等に照らして同様の労働条件とされるべき労働者を比較対象とすべきとの見解が示されており，本判決の立場と親和的と考えられる。

　そこで検討するに，比較対象者については，条文上特段の限定が付されていないことからすれば，同一の使用者に雇用されるすべての無期契約労働者を比較対象とすべきとの立場も考えられる。しかし他方で，少なくとも本件のように複数の雇用区分がある事例でこの立場を採用すると，実際の不合理性判断が困難になる可能性があり，本条の実効性が損なわれてしまうという懸念がある。

---

15)　山本・前掲注2）論文11頁。

16)　前掲注3）メトロコマース事件。もっとも，この事件で問題となったのは同一雇用区分（正社員）の枠内での専従業務に着目した限定であり，雇用区分に着目した限定を認めた本件とは事案上の特徴に違いがある点に注意を要する。

17)　荒木＝菅野＝山川・前掲注6）書232頁，菅野・前掲注6）書336頁がこの趣旨と解される。

したがって，評者としては，当該有期契約労働者と類似した雇用区分に属する無期契約労働者を比較対象とすべきと考え，本判決の立場を支持したい。

(4) 各労働条件の具体的な不合理性判断（判旨2）　労契法20条は，不合理性の判断要素として，①職務の内容，②職務の内容及び配置の変更の範囲，③その他の事情の3点を列挙している。この点，学説・裁判例等をもとに具体的に見ると，従事している業務の内容やそれに伴う責任の程度（権限の範囲や臨時・緊急時の対応等）が①として，転勤・昇進・業務内容変更の可能性や範囲等が②として，また，労使協議の実施や当該労働条件が設けられた経緯等の多様な事項が③として位置付けられる。[18]これらについて，従来の裁判例では①②を重視する判断が示されることもあったが，[19]多くの裁判例はこれら3つを総合考慮する枠組みを示しており，本判決も同様の立場に立つものと解される。[20]

　もっとも，本判決は，①②に関する相違や③その他の定型的な相違（長期雇用の前提，正社員の優遇策等）を根拠として労働条件相違の不合理性に関する結論を導きうるような場合であっても，直ちに不合理か否かを結論づけるのではなく，③についてより踏み込んだ検討を行い，当該労働条件に固有の意義やその導入経緯等を具体的かつ詳細に斟酌する判断を行っている。例えば，年末年始勤務手当については，長期雇用への動機付けの観点から正社員を優遇する余地を認めながらも，多くの国民が休日の中で最繁忙時期の労働を行うことに対する対価であるという意義を踏まえ，不合理性を一部肯定する判断を示している。また，外務業務手当については，①②に相違がある上，長期雇用を前提とする正社員を優遇することが人事上の施策として一定の合理性があるとしながらも，そこから直ちに不合理性を否定するのではなく，職種統合による賃金の激変を緩和する措置であること，手当額の決定に際して労使協議を行ったという手続，有期契約労働者に関する代替的制度が存在すること等の諸経緯を詳細に検討した上で不合理性を否定している。この点，従来の一部の裁判例には，

---

18)　土田・前掲注5）書794頁，西谷ほか・前掲注1）書431頁［野田進］等参照。

19)　前掲注3）長澤運輸事件（一審）。

20)　前掲注3）長澤運輸事件（二審），前掲注10）・ハマキョウレックス（差戻審）事件（一審），前掲注3）ハマキョウレックス（差戻審）事件（二審），前掲注3）メトロコマース事件。

個別的判断の枠組みを採用しながらも，③として正社員への優遇策提供による長期雇用の確保等の抽象的な事由を掲げて複数の労働条件の不合理性を否定している点に問題点が見られた[21]。本来，労働条件相違の「不合理性」という規範的概念については，当該労働条件をめぐる多様な事情を具体的に考慮することが必要であると解されるので，ここでは，①②③を総合考慮した上で，③についてもより広い視野を持った判断が求められよう。この点，本判決は，従来のような抽象的・画一的な判断に拘泥するのではなく，各労働条件の固有の意義や導入経緯等を十分に踏まえた具体的・実質的審査を行っており，この点では有意義な判断と解される[22]。

　上記に加え，本判決の特徴は，損害額の割合的認定を視野に入れて，相違の有無だけでなく，その程度や範囲に応じた弾力的な不合理性判断を行っている点にも見られる。すなわち，本判決は，労働条件相違の不合理性判断において，その全てが不合理か否かのみを判断するのではなく，労働条件によっては一定の相違があることを認めた上で，その程度が①②③に照らして過大なものではないかについて判断している。例えば，年末年始勤務手当・住居手当について，これを全く支払わないことは不合理であるとしながらも，正社員に対しては長期雇用への動機付けという趣旨等が妥当することから，その金額に差異を設けることを許容する判断を示している。また，夏期年末休暇・病気休暇についても，これを全く付与しないことは不合理であるとしながらも，職務の内容等の違いによって取得要件や取得可能日数等に違いを設ける可能性を認める旨の判断を行っている。この結果，労働条件相違の全てが不合理であるとまでは言えなくとも，当該相違の程度を問題として部分的に不合理性を肯定するという弾力的な判断を行うことが可能となり，結果として不合理性を肯定する余地が大きいものとなっている。このような判断は，従来の裁判例では見られなか

---

21)　前掲注3）メトロコマース事件。

22)　なお，前掲注3）ハマキョウレックス（差戻審）事件（二審）においては，例えば，無事故手当に関する相違について，トラック運転手には雇用形態を問わず安全輸送が求められている点を考慮しており，この点では当該労働条件に固有の意義を踏まえた実質的判断を行なっていると言える。

ったものである。この点からも，本判決は，労契法20条が機能する範囲を拡大させ，有期雇用労働者の公正な処遇の実現に資するものと評価できる。

4　効果論について

(1)　補充的効力の有無　本判決（判旨3(1)）は，労契法20条違反の効果として，当該労働条件の定めが無効となるとともに，不法行為に基づく損害賠償請求（民法709条）が認められるとする一方で，無期契約労働者の労働条件による当該無効部分の補充を否定している。その理由としては，補充的効力を認めるための明文規定を欠いている点に加え，不合理性の解消が労使間の個別的・集団的な交渉の結果を踏まえて行われるべきものである点が挙げられている。本来的に，補充的効力を認めることは，本条の実効性を確保し，有期契約労働者をより手厚く保護しうるという利点がある反面，私的自治への過度な介入を生じさせる懸念がある。この点からすると，上記の判断は，裁判所による雇用関係への介入を抑制し，労働条件決定における当事者意思に配慮する判断であると解される。

しかしながら，本判決で不合理とされた労働条件のうち，夏期冬期休暇・病気休暇という非金銭的利益に関するものについては，金銭賠償を原則とする不法行為法による救済が困難となることが想定される。それ故，これらの労働条件については，補充的効力が否定されたことで本条による実質的な保護範囲が大きく制約を受けてしまう。本判決は，補充的効力を否定する理由の一つとして個別交渉による労働条件決定への配慮を挙げているが，有期契約労働者が他の労働者に比して情報・交渉力の点でより一層劣位に置かれている点を考慮すると，この判断は，労使間格差を放置したまま本条の機能を制約し，有期契約労働者の保護を後退させる結果をもたらしうる。確かに私的自治への配慮は重要であるが，労契法20条の実効性を確保するためには，問題となる労働条件の性質を踏まえつつ，補充的効力の可能性について引き続き検討を深める必要があるものと解される。[23]

(2)　損害額の割合的認定　本判決（判旨3(2)）は，「無期契約労働者と同一内容でないことをもって直ちに不合理であると認められる労働条件」（以下均等

部分）と「有期契約労働者に対して当該労働条件が全く付与されていないこと，又は付与はされているものの，給付の質及び量の差異の程度が大きいことによって不合理であると認められる労働条件」（以下均衡部分）の双方を視野に入れた損害額の割合的認定を行っている。この点，仮に損害の認定が均等部分についてしか行えないとすると，不合理性判断が当該労働条件の全てに係る不合理性の有無という画一的なものとなるのに対して，均衡部分が認められれば，当該労働条件の一部の不合理を肯定するとの弾力的判断が可能となる（当該部分についてのみ損害として認めれば良い）。この結果，割合的認定の立場によれば，不合理性を肯定する余地が大きいものとなりうる（換言すれば，割合的認定は上述の弾力的な不合理性判断を効果面から投影するものとも言える）。このように，損害について均等部分と均衡部分を観念し，不合理性判断を柔軟にする判断は従来の裁判例では見られなかったものである。もちろん，均衡部分の具体的損害額の算定が著しく困難であることを理由として民訴法248条を適用している点には異論もありうるが，[24] 少なくとも，上述の弾力的な不合理性判断を可能とする点は，労契法20条の実効性担保の観点から評価すべきものと解される。

（おかむら　ゆうき）

23）　私的自治に対する配慮が必要であることは従来から学説上でも指摘されてきたが，それはあくまでも集団的労使自治を尊重することを意図するものであって，本判決のように個別交渉までを視野に入れたものではない（菅野・前掲注6）書345頁）。本判決について，明文規定の欠缺や集団的自治への配慮が必要であると指摘する部分は十分に考慮すべきと考えられるが，非金銭的利益に関する実質的な救済の余地を厳しく制限し，その理由として個別的交渉への配慮を挙げている点については，やはり首肯できないところがある。私的自治尊重と実効性確保の双方の要請に応えるという観点からは，就業規則等の合理的解釈・規範的解釈の方向性も含め，更なる検討が必要と解される。

24）　例えば，民訴法248条の適用は損害の性質上その額の立証が極めて困難である場合に限られるとの比較的厳格な立場が取られていることから（伊藤眞『民事訴訟法〔第5版〕』（有斐閣，2016年）363頁），本件がその要件を満たすかについては更なる議論の余地があるものと解される。なお，山畑茂之「判批」労経速2323号（2017年）2頁も参照。

関連会社への労働組合員の
街宣活動等に対する損害賠償請求の可否

フジビグループ分会組合員ら（富士美術印刷）事件・
東京高判平28・7・4労判1149号16頁——

木　南　直　之

（新潟大学）

I　事案の概要

1　認定事実及び請求内容

　X社（原告・被控訴人＝附帯控訴人）は，印刷請負等を目的とする会社である。訴外A社は，昭和43年にX社の活版印刷部門を分離する形で設立され，X社の本社工場と同じ社屋で業務を行うなど，その後もX社との関連を有してきた。

　A社は，平成24年9月，東京地方裁判所において破産手続開始決定を受け，翌年1月，破産手続が廃止された。Yら3名（被告・控訴人＝附帯被控訴人）は，B労働組合に所属しA社の従業員であったが，A社の破産手続開始決定に伴って，解雇された。

　Yらは，平成24年9月から平成26年4月までの間，断続的に，X社の敷地内，X社本社正門前及び近隣の駅周辺において，「X社はA社の社員を雇用する義務がある」，「A社は偽装倒産である」等と記載されたビラ（以下，「本件ビラ」という。）を多数配布し，同時に，本件ビラとほぼ同内容の横断幕や幟を掲示し，また拡声器を使用して，通行人に宣伝した。加えて，Yらは，区長，主要取引先らに，「要請書」等を送付した（以下，Yらのこれら活動を「本件街宣活動等」という。）。

　X社は，本件ビラの内容等が虚偽で，本件街宣活動等によりX社の信用が毀損され，取引が打ち切られるなどしたと主張して，共同不法行為に基づき，

回顧と展望④

取引中止等による経済的損害及び信用毀損の無形損害の合計の一部として，2200万円の損害賠償の支払いをＹらに対して求めた。[1]

2　1審判決・東京地判平28・2・10労判1149号2頁

本件街宣活動等の一部について，Ｘ社の社会的評価を低下させたと認定し，その信用毀損性を認めた上で，違法性阻却事由について以下のように述べた。

「Ｙらが所属する労働組合は，団結権及び団体交渉権が保障されており，組合員である労働者のために，その労働条件を始めとする経済的地位の維持，向上を目指して活動することが認められていることに鑑みれば，労働組合が配布したビラ等の文書，掲示した幟及び横断幕等の表現が，結果的に他者の名誉又は信用を毀損しても，表現内容の真実性，表現自体の相当性，表現活動の動機，態様，影響等一切の事情を考慮し，正当な組合活動として社会通念上許容された範囲内のものであると判断される場合には，違法性が阻却される」。

そして，Ｘ社はＹらの雇用につき法的責任を負わないとし，本件ビラの表現の重要な部分についての真実性又は相当性があるとは認められず，「その余の表現自体の相当性，表現活動の動機，態様，影響等について検討するまでもなく，本件各表現は，仮に組合活動であるとしても，正当な組合活動として社会通念上許容された範囲を超えており，違法性は阻却されない」とした。

結果，Ｙらの共同不法行為を認定し，経済的損害は相当因果関係が認められないが，Ｘ社の信用毀損による無形損害は350万円であるとし，同額の支払いをＹらに命じた。Ｙら控訴（Ｘ社附帯控訴）。

II　判　　旨

本判決は，1審判決を基本的に引用し，控訴及び附帯控訴を棄却した。[2]ただ

1）　本判決は，事実認定について，ごく僅かの修正をするのみで，1審判決をほぼ引用しており，事実認定における差異はないものと評価できる。

2）　本判決について，Ｙらは上告及び上告受理申立を行ったが，最三小決平29・8・22労判1161号92頁は，上告棄却，上告受理申立不受理とし，確定した。

し，違法性阻却事由については，以下のような独自の判断を示している。

「憲法28条は，勤労者の団結する権利及び団体交渉その他の団体行動をする権利を保障している。……一般に，労働条件は，使用者を取り巻いて現実に存する社会，経済その他の要因によって大きく左右され得るものであり，そのような実質を考えると，労働組合が労働条件の改善を目的として行う団体行動である限りは，それが直接労使関係に立つ者の間の団体交渉に関係する行為ではなくても，同条の保障の対象に含まれ得るものと解するのが相当である。すなわち，同条の保障の対象は，労働契約関係にある労働者と使用者との間の労働契約関係の内容をなす労働条件に関し，労働者が団結して労働組合を組織し，これを自主的に運営する行為，争議行為その他の団体行動並びにその労働組合が使用者との間において行う団体交渉及びこれに直接関係する行為が本体となるが，それだけでなく，上記労働条件の改善を目的として労働組合が直接には労使関係に立たない者に対して行う要請等の団体行動も，同条の保障の対象となり得るものと解されるのである。

しかしながら，このような団体行動については，同条の保障の本体となる行為のうち集団的な労務の不提供を中心的内容とする争議行為と異なり，自ずから限界があるものというべきで，団体行動を受ける者の有する権利，利益を侵害することは許されないものと解するのが相当であるから，これを行う主体，目的，態様等の諸般の事情を考慮して，社会通念上相当と認められる行為に限り，その正当性を肯定すべきである。」

Ⅲ　検　討

1　はじめに

本事件では，本件街宣活動等につき，X社の名誉を毀損したという認定の下に，その違法性阻却について判断されている。X社の使用者性[3]，損害賠償額[4]も含めて問題は多岐に渡るが[5]，紙幅の都合上割愛し，違法性阻却の問題に絞って，検討を試みたい。

回顧と展望④

2　団体行動権保障に由来する違法性阻却審査の位置づけ

　名誉毀損に関しては，判例上，①公共性，②公益目的性及び③真実性又は相当性の要件を満たす場合には，違法性が阻却される〔判断枠組 α〕。また，不法行為一般の議論として，法令上認められた業務として行った行為（法令行為）は，違法性が阻却される〔判断枠組 β〕。本件街宣活動等を団体行動と評価した場合，その効果としての違法性阻却の問題は，上述の判断枠組（α及び β）の中の，どこでどのように審査が為されるべきであろうか。

　1審判決は，「表現内容の真実性，表現自体の相当性，表現活動の動機，態様，影響等一切の事情を考慮」して，違法性阻却を検討するとしており，総合考慮審査を採用している。本判決も，「主体，目的，態様等の諸般の事情を考

3）　本判決は，X社の雇用責任を認めず，「直接には労使関係に立たない者」としており，少なくとも労働契約上の使用者には当たらないことを前提としている。一方，労働組合法上の使用者性について，直接の言及はない。しかし，X社が，破産の合理的理由がないにも関わらず組合の排除を目的として，A社の破産手続開始の決定に関与したとのYらの主張を排斥しており，また，X社が労働組合法上の使用者であることを前提としての別段の判断を明示的に行っておらず，労働組合法上の使用者性についても否定的に捉えているものと推定される。

　　尚，Yらを含む組合員の雇用問題に関する団体交渉の拒否を不当労働行為と主張した不当労働行為救済申立においては，「X社は，組合員らの雇用に関して，雇用主と同視できる程度に現実的かつ具体的に支配，決定できる地位を有していたとは認められず，……労働組合法上の使用者に該当しない」との命令が発出されている（富士美術印刷事件・東京都労委決平28・7・5中央労働委員会事務局「労働委員会関係命令・裁判例データベース」[http://web.churoi.go.jp/mei/m11641.html]）。

4）　確かに，賠償額350万円は高額であり，類似事件と比較しても不当だとの批判（古川健三「本判決批判」労働者の権利320号（2017年）137頁）は傾聴に値するが，名誉毀損に対する損害賠償の高額化の傾向は全般に関して当てはまるものであり，労働法的観点から，その減額を議論するのは難しいと思われる。

5）　不法行為責任を労働組合員個人に追及することは可能か，仮にそれが可能だとしても，本件訴訟が所謂スラップ訴訟に該当し，ひいては支配介入の不当労働行為に該当しないかなども，労働法的観点における重要な論点であろう。

6）　最一小判昭41・6・23民集20巻5号1118頁。

7）　潮見佳男『不法行為法Ⅰ〔第2版〕』（信山社，2009年）456頁。

8）　しかしながら，その具体的検討においては，表現内容の真実性又は相当性の否定という1点をもって，他の要素を考慮せず，違法性が阻却されないとの結果を導いており，混乱がある。

慮して」の審査としており，また，③を特段に決定的な意味を持つものではないとも付言し，総合考慮審査であることをより明確にしている。

これら総合考慮審査をどう位置づけるか。この総合考慮審査は①から③を要件審査する α とは基本的に相容れない。このことから，β の審査であると素直に評価するのが一つの見方である。一方，名誉毀損のうち団体行動性を有するものに限り，α のレベルの審査として，①から③の要件審査に代えて，総合考慮審査を行ったという整理〔α' としての総合考慮審査〕もあろう[9]。

思うに，団体行動権保障の効果としての民事免責は，市民法上，本来であれば違法とされることを前提[10]として，その行為の必要性，重要性等に鑑み，違法性阻却[11]により特別に保護することにその意義がある[12]。仮に α の審査で違法性阻却が認められない場合であっても，団体行動権保障の趣旨を反映した β の審査で違法性阻却を可能にしてこそ，その本来の意義を発揮する。また，団体行動権保障は，名誉毀損という類型に限られず，他の様々な類型の不法行為においても，その効果が及ぶものであるから，一般論としての β のレベルにおいて遍く検討されるべきものであり，名誉毀損に関してのみ β のレベルではなく，α においてのみ検討されれば十分であるとすれば[13]一貫性を欠く。

また，基本的には，α における審査においては，①ないしは②において，団体行動であることを考慮要素に入れることになろう[14]。しかしながら，こうした

9）ただし，前者であれば α の審査，後者であれば β の審査の欠如について，1審判決及び本判決は説明がなく，判断枠組の意識を欠いていた可能性が高い。

10）尤も，大沼邦博「『違法』争議行為と不法行為責任」日本労働法学会誌53号（1979年）16頁は，この前提自体について疑問を投げかけている。

11）この点，団体行動権保障は，違法性阻却ではなく，構成要件該当性阻却のレベルで議論すべきであるという反対説がある（東京大学労働法研究会『注釈労働組合法　上巻』（1980年，有斐閣）503-505頁）。

12）菅野和夫『労働法〔第11版補正版〕』（弘文堂，2017年）908-909頁。

13）勿論，β における審査に加えて，α のレベルにおいても，団体行動権保障の趣旨を反映するのであれば，団体行動権保障はより強固なものとなる。しかしながら，こうした二段階の審査であることに特段の配慮を払わない場合には，α と β における審査を混同してしまい，③の否定により，β としての審査も終了してしまう結果につながる恐れがある。1審判決における一般論と具体的検討の混乱（前掲注8）参照）は，まさにこの混同に由来するものであろう。

回顧と展望④

場合，③の要件を満たさない場合には，βの審査が別に行われない限りは，違法性阻却の範囲を狭めてしまう恐れがある。[15]

　こうしたことから，団体行動権保障の趣旨をより貫徹するためには，αとβの二段階の審査であることを意識しつつ，βにおける審査にこそ，その趣旨を[16]反映させるべきである。

3　団体行動権保障に由来する違法性阻却審査の判断基準

　次に問題となるのは，βとしての審査内容，即ち判断基準である。

　ところで，本件街宣活動等は，そもそも争議行為と組合活動のいずれと評価すべきであろうか。争議行為と組合活動とで，違法性阻却のための正当性判断基準が異なることは通説的立場であり，その区分は重要な意味を持つ。1審判[17]決は，「正当な組合活動」かの審査を行い，本判決も，本件街宣活動等は「争議行為と異なり」としており，組合活動として把握していることが読み取れる。[18]

---

14)　秋田相互銀行事件・仙台高秋田支判昭53・5・8労判304号41頁は，使用者会社役員の自宅前でのビラ配布行為について，組合活動であるということを公共性及び公益目的性の判断に組み入れている。

15)　西谷敏『労働組合法〔第3版〕』（有斐閣，2012年）264-265頁は，組合活動としての批判活動は，労働者の経済的地位の向上や労働組合の強化という目的でなされていると解される限り，真実性又は相当性が認められる場合には，組合活動の正当性が認められるべきであるとする。その上で，真実性については片言隻句に拘泥する態度をとるべきではなく，全体として真実性が認められればよいとし，更に，摘示事実に誤りが含まれていたとしても，使用者が反論可能性を持つ限り，性急に組合活動の正当性を否定すべきではなく，最終的には，表現の真実性，反論可能性を中心として，表現方法の限界を逸脱していないかどうか，それが企業に及ぼした影響，そうした表現活動に至った経緯等を加味して判断されるべきであるとする。

　　これについては，真実性の要件の緩和は，団体行動性を踏まえたαの③の要件の緩和であるが，反論可能性の存在やその他の加味事項は，βにおける審査であると整理することが可能である。

16)　尤も，西谷敏ほか編『新基本法コンメンタール　労働組合法』（日本評論社，2011年）138頁〔盛誠吾〕は，争議行為の正当性評価についてであるが，争議権保障を含む全体的法秩序の下での違法性の有無こそが問題であり，この場合，市民法的評価と労働法的評価という二重の判断基準があるわけではないとする立場があることを指摘する。

17)　西谷・前掲注15)書401頁，菅野・前掲注12)書907頁，荒木尚志『労働法〔第3版〕』（有斐閣，2016年）656頁。

仮に本件街宣活動等が組合活動であるとして，その正当性の判断基準は，どうあるべきか。本判決は，「主体，目的，態様等の諸般の事情を考慮して，社会通念上相当と認められる行為に限り」正当性が認められるとするが，その前段において，「団体行動を受ける者の有する権利，利益を侵害することは許されない」とも判示している。

ここで，「他人の権利又は法律上保護される利益を侵害」することが不法行為（民法709条）であるにも関わらず，それを侵害した場合，その違法性阻却が一切行われないと解するならば，かかる行為について，およそ団体行動権行使による民事免責はありえない結論となる。本判決の趣旨がそうであるとすれば，[19]保障の可能性を肯定しながらも適用を一切否定したに等しく，そもそもその他の諸般の事情を考慮する必要もなく，論理が破綻している。[20]

尚，教育社労働組合事件・東京地判平25・2・6労判1073号65頁は，労働組合法上の使用者以外の者に向けられた街宣活動について，「憲法28条，ないし労組法の保護を受ける余地のないものといわざるを得ない」と，団体行動性を

---

18) この点，争議行為の定義については，業務阻害説と同盟罷業説（朝日新聞西部本社事件・最大判昭27・10・22民集6巻9号857頁）との立場の激しい対立が存在する（争議行為概念につき，石井保雄「争議行為の意義と正当性」日本労働法学会編『講座労働法の再生第5巻 労使関係法の理論課題』（日本評論社，2017年）157頁）。本判決は，同盟罷業説を当然の前提に争議行為を限定し，その結果，本件街宣活動等を組合活動と判断していると解される。従って，この点に関する批判は，同盟罷業説そのものに対する批判が当てはまる。

19) 勿論，権利，利益の侵害の程度は，判断要素の一つにはなろう。従って，例えば，「権利，利益を著しく侵害するのは許されない」とするのであれば，賛否は兎も角，理解は可能である。

20) 本判決のこの説示部分は，第三者に対するピケの適法性が争点となった東海商船（荷役）事件・東京地判平10・2・25労判743号49頁をほぼ引用している。ただし，同判決では，「自由権的効果に［28］条の保障の意義があり」としている部分が，本判決では，「自ずから限界があるものというべきで」と改められている。東海商船（荷役）事件判決は，刑事免責は格別，民事免責を一切否定する趣旨とも，解釈できないわけではなく，その場合，権利，利益を侵害することは許されないとの判示は一貫性を有するが（ただし，そのことと，諸般の事情を考慮した社会通念上の相当性審査を行うこととの理論的繋がりは，やはり根拠を欠くことになる。），本判決は，前段を「自ずから限界がある」と民事免責の可能性を認める方向で微修正しながらも，後段について，修正を行わなかったことで，論旨が更に不明になったものと評価できよう。

考慮することを完全に否定している。一方，主体，目的，態様等の諸般の事情を考慮して団体行動権保障に由来する違法性阻却審査を行うという本判決の結論部分の手法は，その部分だけ取り出して評価すれば妥当な結論であろう[22]。

　ただ，その当てはめの具体的検討において，前段部分の判示の影響もあってであろうか，本件街宣行為等の態様を過度に過激な行為であると評価し，一方，要請書の送付行為を営利企業である X 社にとって「その信用が損なわれる度合いも甚だし」いなどと，利益侵害を過度に評価し，総合考慮におけるバランス感覚を相当程度欠いたと見られることが，ここでの問題点である。また，X 社は純粋な第三者ではなく A 社に対して一定の影響力を持つ関連会社であることを，確かに判断要素として挙げてはいるものの，過小に評価したと見られること，更には，そもそも街宣活動が，憲法21条の保護も受ける表現活動の一環であり，労働組合の他者へのアピールの必要性も十分に考慮すべきであったこと等[23]が指摘できる。仮に結論を維持するとしても，総合考慮審査である以上，より慎重で緻密な判断が必要であり，この点において本判決は説得力を欠いている。

4　むすび

　本判決は，「直接には労使関係に立たない者に対して行う要請等の団体行動」に即した判断をしたに過ぎない。およそ団体行動一般について，又はおよそ街宣活動全般について，他者（典型的には使用者）の権利，利益を侵害することは許されないとしたと理解するなど，その射程を過大に評価すべきではない。

---

21)　尤も，教育社労働組合事件は，労働組合法上の使用者性の検討を行った上での判断であるが，本事件は，この点の判断が曖昧であり（前掲注3）参照），判断の前提が異なる。

22)　中窪裕也「団体行動権の意義と構造」日本労働法学会編・前掲注18)書153-154頁は，同判決と比べ本判決は，その具体的な判断をめぐっては議論はありえるが，はるかに穏当な枠組みと評価している。組合活動の正当性判断につき，一般論として，同様の判断要素を挙げるものとして，辻村昌昭「企業内・外の組合活動」日本労働法学会編『講座21世紀の労働法　第8巻　利益代表システムと団結権』（有斐閣，2000年）133頁。

23)　α と β の判断についての峻別の意識を欠いた結果，総合考慮において，決定的な要素ではないとしているものの，表現内容の真実性，相当性を過度に重視したと見られることも問題点として指摘できる。

従来の蓄積された判例理論を前提とすれば，本判決は一部に論旨不明，あるいは粗笨な点があり，具体的判断の妥当性には疑問もあるものの，概ね想定される結論の範囲内とも評価せざるを得ない。しかし，この結論自体を正しいと直ちに評価するわけではない。問い直されるべきは，団体行動に関する判例理論そのものであることを，最後に指摘しておきたい。

（きなみ　なおゆき）

ワークショップのご案内

企 画 委 員 会

　ワークショップは，2018年以降の学会の年1回2日開催に伴い実施される方式ですが，その趣旨・内容（特に，従来春季大会で実施してきたミニ・シンポジウムとの異同）について，学会員の皆さまが必ずしも詳細をご存知ないと考えられますため，ここにご案内を掲載いたします。

　ワークショップは，従来のミニ・シンポジウムとは異なり，問題提起型の発表および参集者全体での議論を行うものです。すなわち，ワークショップは，総枠2時間の時間帯で，2名（司会，問題提起・報告者）が発表を担当し，問題提起・報告者は，簡単な論点提示を行い，参加者の自由闊達な意見交換を喚起し，学会の議論の活性化を図ることを基本趣旨としております（テーマによって，コメンテーター1～2名の追加も可能です）。ミニ・シンポジウムのような本格的なシンポジウムは想定しておりません。

　また，ワークショップの上記趣旨に鑑み，総枠2時間の時間帯のうち，報告・コメントは1時間以内とし，フロアにおける議論に1時間以上を充てることが理事会において確認されております。

▶ワークショップは，以下のとおり，大会1日目（土曜日）の午後に，2部構成として2時間実施します。
　　13：10～15：10　ワークショップ第1部
　　15：20～17：20　ワークショップ第2部
▶第1部・第2部ともに複数のワークショップを並行して行います（2018年秋の第135回大会の場合，第1部・第2部ともに，3テーマのワークショップが並行します）。

　以上のとおり，ワークショップにおける問題提起・報告者の方の任務としては，あくまで議論喚起の論点を提示することが主眼となります。ミニ・シンポジウムのように，司会の方を交えた報告担当者間での複数回にわたる事前研究会をもとに研究報告するといった事前準備および当日のご負担は大幅に軽減されることになります。事前の研究会も必須ではありません。

▶ワークショップについては，以下のカテゴリーを設けておりますので，ご参照下さい。ただし，以下のカテゴリーはあくまで例示であり，これに限定されるものではありません。

Ⅰ　判例のカテゴリー（例：「山梨県民信用組合事件最高裁判決の意義と射程範囲」）

Ⅱ　法改正のカテゴリー（例：「同一労働同一賃金の立法政策」）

Ⅲ　基礎理論のカテゴリー（例：「将来における労働法の在り方」）

Ⅳ　比較労働法・国際労働法のカテゴリー（例：「フランスの労働法改革」）

Ⅴ　実務上の課題のカテゴリー（例：「パワー・ハラスメント」）

Ⅵ　その他のカテゴリー（例：科研費テーマ，ブック・レビューなど）

▶このほか，以下の点が企画委員会において確認されております。

・ワークショップの問題提起・報告者については，非学会員も資格を有する。

・担当理事を置くことは必須としない。

・ワークショップの前記趣旨に鑑み，問題提起・報告の形式は特に規定しない。

・司会は，進行面では研究者とする方が実施しやすい可能性があるが，必須ではない。

・ワークショップの企画提案者と司会者は，現実には一致することが多いと考えられるが，必須ではない。

▶ワークショップに関するスケジュールは，以下のとおりです。

・エントリー手続については，前年10月上旬までに，企画案を事務局にお送りいただきます（具体的な日時は，その都度学会 Web サイトにてお知らせします。また，学会 Web サイト［学会関係書式ダウンロード欄］にテンプレートを掲載しております）。

・エントリーいただいた後，前年の企画委員会および理事会において，企画案について検討させていただき，前年学会の総会において承認手続を行います。

・企画承認後，当年7月中旬までに，企画確定版を事務局にお送りいただきます（具体的な日時は，その都度学会 Web サイトおよび企画立案者の会員宛にお知らせします）。テーマ・司会・報告者・コメンテーター（コメンテーターは任意）を確定した内容のものをご提出下さい。確定版からさらに報告タイトルの変更がある場合は，事務局宛にご連絡下さい。

・当年の大会2週間前までに，当日レジュメをご提出いただきます。レジュメは簡単なもので結構ですが，趣旨説明・論点・議論したい点を明示して下さい。レジュメは，A4サイズで，企画提案者の趣旨説明1頁，基調報告につき上限2頁の合計3頁を上限とさせていただきます。

・学会終了後，ワークショップの内容を日本労働法学会誌に掲載するため，司会の方，

問題提起・報告者の方には掲載用原稿のご提出をお願いします。司会の方には，ワークショップにおける議論の概要あるいは感想をご執筆いただき，問題提起・報告者の方には，基調報告の概要を原稿としてご提出いただきます。具体的な分量は，編集委員会において検討中ですが，ワークショップの趣旨に即したコンパクトな分量を予定しております。

　以上のとおり，ワークショップは，参集者による自由闊達な議論を主眼とするものであり，これに伴い，司会の方および問題提起・報告者の方のご負担は，ミニ・シンポジウムに比べて大きく軽減されます。この点にご留意の上，学会の活性化のため，ワークショップの企画・立案・実施に奮ってご参加いただきますようお願い申し上げます。

◆日本労働法学会第134回大会記事◆

　日本労働法学会第134回大会は，2017年10月15日（日）に小樽商科大学において，大シンポジウムが開催された（以下，敬称略）。

一　大シンポジウム

統一テーマ：「雇用社会の変容と労働契約終了の法理」

司会：中窪　裕也（一橋大学）

司会・趣旨説明：野田　進（九州大学名誉教授）

報告：

1．野田　進（九州大学名誉教授）「雇用社会の変容と労働契約終了の法理──3つの視角」
2．山下　昇（九州大学）「雇用終了のルールの明確化とその紛争解決制度の課題」
3．龔　敏（久留米大学）「労働者の適性評価と雇用終了法理」
4．柳澤　武（名城大学）「雇用終了における人選基準法理」
5．所　浩代（福岡大学）「雇用終了過程における説明・協議義務」
6．川口　美貴（関西大学）「労働契約終了と合意」

二　総　会

1　奨励賞について

　和田肇奨励賞審査委員長より，本年度については該当者がいない旨，報告がなされた。

2　2017年4月～9月の会計報告について

　2017年4月から9月期の決算について，川田知子事務局長より報告がなされた。また，長谷川聡監事より，監査済みである旨が報告された。以上を受け，総会において，同決算が承認された。

3　2017年10月～2018年9月の予算について

　2017年10月から2018年9月期における予算案について，川田知子事務局長より報告がなされた。

　とりわけ，収入面については，会計年度の移行に伴い，会費の徴収時期が毎年4

月から毎年10月に変更されることを踏まえ，今期は会費収入の徴収を予定せず，前期までの繰越金を運用する予定であること，2018年10月より年会費として１万円を徴収する予定であることが説明された。次に支出面については，大会の年１回開催移行に伴い，大会開催校謝礼を30万円に増額していることと各ワークショップグループへの研究会補助金として３万円を計上していること等が説明された。また，2018年夏季に理事選挙が実施されることから，印刷費・通信費・事務業務委託費については従来１年間分の予算を上回る金額を計上していることが説明された。

　以上を受けて，総会において，2017年10月から2018年９月期における予算が承認された。

4　第135回大会およびそれ以降の大会について

◆第135回大会について◆

(1)　日時：2018年10月27日（土）・28日（日）

(2)　会場：早稲田大学

(3)　スケジュール

〈１日目・土曜日〉

　11:15〜　　　　受付開始

　12:00〜13:00　個別報告

　13:10〜15:10　ワークショップ第１部

　15:20〜17:20　ワークショップ第２部

　18:00〜20:00　懇親会

〈２日目・日曜日〉

　8 :45〜　　　　受付開始

　9 :30〜12:00　大シンポジウム報告

　12:00〜12:20　開催校挨拶・総会（学会奨励賞審査結果報告）

　12:20〜13:10　休憩・昼食

　13:10〜14:00　特別講演

　14:10〜14:40　総会（学会奨励賞審査結果報告以外の議題）

　14:50〜17:30　大シンポジウム報告・討論

(4)　特別講演について

菊池高志会員（九州大学名誉教授）による特別講演が予定されている。

(5)　大シンポジウムについて

統一テーマ：「労働法と知的財産法の交錯──労働関係における知的財産の法的規
　　　　　　律の研究──」

報告：

1．野川 忍（明治大学）「シンポジウムの目的・テーマの俯瞰・理論的整理」
2．河野 尚子（同志社大学）「営業秘密・不正競争防止法と守秘義務」
3．石田 信平（北九州市立大学）「不正競争防止法と競業避止義務」
4．土田 道夫（同志社大学）「職務発明・職務著作と労働法の規律」
5．天野 晋介（首都大学東京）「労働法と知的財産法の交錯領域における集団的
　　　　　　　　　　　　　　利益調整」
6．茶園 成樹（非会員，大阪大学）「知的財産法研究者によるコメント」
　(6)　ワークショップについて
〈第一会場〉
・テーマ「フランスの労働法改革」
　提案者：矢野 昌浩（名古屋大学）
　報告者：小山 敬晴（大分大学）
・テーマ「「結社の自由」について改めて法的・実務的側面から考える──東アジ
　　　　　ア諸国における「結社の自由」をめぐる状況を踏まえて」
　提案者：香川 孝三（神戸大学名誉教授），藤川 久昭（青山学院大学・弁護士）
　報告者：同上
〈第二会場〉
・テーマ「「同一労働同一賃金」の立法政策」
　提案者：村中 孝史（京都大学）
　報告者：島田 裕子（京都大学）
・テーマ「「労働時間法」をどのように構想するか？（仮）」
　提案者：唐津 博（中央大学）
　報告者：長谷川 聡（専修大学）
〈第三会場〉
・テーマ「LGBT と労働法理論・立法論上の課題（仮）」
　提案者：名古 道功（金沢大学）
　報告者：内藤 忍（労働政策研究・研修機構），濱畑 芳和（立正大学），名古 道
　　　　　功（金沢大学）
・テーマ「山梨県民最高裁判決の意義と射程範囲──労働契約関係における労働者
　　　　　の同意（仮）」
　提案者：水口 洋介（弁護士），石井 妙子（弁護士）
　報告者：鴨田 哲郎（弁護士），木下 潮音（弁護士）
　(7)　個別報告について

〈第一会場〉

　テーマ「公務員の法的地位に関する日独比較法研究」

　報告者：早津 裕貴（名古屋大学）

〈第二会場〉

　テーマ「フランスの企業再構築にかかる法システムの現代的展開」

　報告者：細川 良（労働政策研究・研修機構）

〈第三会場〉

　テーマ「アメリカにおける労働組合活動に対する憲法的保護の歴史的変遷──市
　　　　　民団体との比較から」

　報告者：藤木 貴史（一橋大学大学院）

◆第136回大会について◆

　(1)　期日：未定

　(2)　会場：立命館大学

　(3)　大シンポジウムについて

統一テーマの候補として「普通取引約款法理からみた労働法上の一方的決定と合
意に対する制約のあり方」が挙がっている。その概要は以下のとおりである。

司会：野田 進（九州大学），野川 忍（明治大学）

報告：1．大澤 彩（非会員，法政大学）「民法学からみた合意と一方的決定に対す
　　　　　　　る制約法理」

　　　2．皆川 宏之（千葉大学）「ドイツ法における普通取引約款法と労働法」

　　　3．本庄 淳志（静岡大学）「権利義務の設定プロセスにおける制約法理」

　　　4．高橋 賢司（立正大学）「使用者による一方的決定・変更に対する制約法
　　　　　　　　　　　理」

なお，上記以外にも引き続き企画案を募集している。

◆第137回大会について◆

　(1)　期日：未定

　(2)　会場：明治大学

　5　学会誌について

奥田香子編集委員長より以下の報告がなされた。

　(1)　編集委員の交代について

河合塁委員（岩手大学）及び山本陽大委員（労働政策研究・研修機構）の任期満
了に伴い，井川志郎会員（山口大学）及び細川良会員（労働政策研究・研修機構）

が新たに委員に就任した。また，池田悠委員（北海道大学）が海外での研究活動への従事を理由として任期途中で退任した。後任は未定であるものの，後任委員については，11月1日付で着任するものとして手続きを進める。後任委員の任期は，池田悠委員の残任期間（2019年4月末満了）とする。

（2）学会誌について

学会誌130号は10月27日（金）に納品予定であり，その翌週以降に発送を予定している。前回大会の開催が5月末であったために，編集スケジュール上，134回大会後に同号を刊行・発送することとなった。従来においても，編集委員長と代表理事の協議のうえで，学会誌の刊行・発送を学会大会の終了後としたことがあり，今回もその先例にならった。しかし，事務局との間で情報共有ができておらず，大会案内に記載された刊行・発送スケジュールと実際の刊行・発送スケジュールとの間に齟齬が生じた。この点については，お詫び申し上げたい。

2018年春刊行予定の学会誌131号については，大シンポジウム（「雇用社会の変容と労働契約終了の法理」），回顧と展望4本（①医療法人Y事件・最高裁判決，②日本郵便事件・東京地裁判決，③富士美術印刷事件・東京高裁判決，④債権法改正の労働法的検討（仮題）），定例記事を掲載する予定である。

2019年春刊行予定の学会誌132号については，特別講演，大シンポジウム，ワークショップ，個別報告，回顧と展望及び定例記事を掲載する予定である。

（3）学会誌の年1回発行について

前回の前日理事会での意見を踏まえ，学会誌の年1回発行に関し，その構成・内容等については現状を引き継ぐ予定であるものの，ワークショップに関する原稿については様々な観点から検討を行い，次回理事会に諮る予定である。

（4）編集委員長の交代について

奥田香子編集委員長の任期が2018年5月16日で満了となることに伴い，同月17日付で水島郁子理事が編集委員長に就任する。

6　日本学術会議について

和田肇理事より，日本学術会議の現在の状況，および今期の構成あるいは体制等について報告がなされた。また，軍事研究に関して，あるいは，人文社会科学教育についてのあり方等について，活発な議論がなされていることが報告された。さらに，日本学術会議と学協会との連携（連携会員の推薦・共同シンポジウムの開催等）についても報告がなされた。

川田知子事務局長より，当学会に対し，日本学術会議副会長らから人文社会科学系学協会男女共同参画推進連絡会（Gender Equality Association for Humanities and Social Sciences）略称ギース（GEAHSS）への参加が呼びかけられた旨が報告された。ギースは，2017年5月21日，正式に発足のはこびとなり，今後，参加学協会との議論を通じ，人文社会科学分野での若手・女性研究者支援やそれによるジェンダー平等の促進のみならず，研究分野を超えた学際的な連携のもとで，人文社会系の学術の更なる発展を目指している。理事会では，水島郁子理事より補足説明がなされ，ギースへの参加が決定された旨が報告された。

7　国際労働法社会保障法学会について

荒木尚志理事より，以下の報告がなされた。

(1)　2017年5月以降の国際労働法社会保障法学会について

2017年6月18日-24日に，第4回国際比較労働法ベネチア・セミナーが，Global Trade and Labour Rights を統一テーマとして開催された。

2017年9月20日-22日に，第12回欧州地域会議がプラハ（チェコ）で38カ国から250名を超える参加者を得て開催された。初日である20日の理事会において，本学会の次期（2018年-21年）会長の選出が行われた。Janice Bellace 教授（アメリカ）と Rolando Murgas Torrazza 教授（パナマ）の2名の立候補があったため投票により決することとなり，投票の結果，Janice Bellace 教授（アメリカ）が次期会長に選出された。2018年9月のトリノ世界会議で，ティツィアーノ・トレウ会長から，ジャニス・ベラーチ次期会長に交代となる。また，欧州地域会議の冒頭，昨年10月11日に逝去されたロジェ・ブランパン Roger Blanpain 教授への追悼セッションが行われ，フランク・ヘンドリクス教授（ルーバン大学），マンフレッド・ヴァイス教授（フランクフルト大学），ジャニス・ベラーチ教授（ペンシルバニア大学），ティツィアーノ・トレウ会長らからブランパン教授の温かな人柄を偲ぶスピーチがなされた。

(2)　今後開催予定の本国際学会関係会議

第22回世界会議2018年9月4日-7日（イタリア・トリノ）

その他，開催地は検討中であるが，第13回欧州地域会議が2020年に，第9回アジア地域会議が2019年または2020年，第2回アフリカ地域会議が2019年または2020年に開催の予定である。

**(3)　本学会とは別組織の国際規模の学会である Labour Law Research Network（LLRN）の第3回会議が2017年6月25日-27日にトロント（カナダ）で開催された。同会議では，比較労働法に国際的貢献のあった研究者に授与される Bob Hepple 賞が菅野和夫教授（日本）と Katherine Stone 教授（アメリカ）に贈られた。授与式では，Mathew Finkin 教授（アメリカ）が菅野教授の，Julia Lopez 教授（スペイ

ン）がStone教授の功績について紹介し，菅野教授，Stone両教授による受賞記念スピーチが行われた。

なお，LLRN第4回会議は，2019年にバルパライソValparaiso（チリ）にて開催の予定である。

（4）本国際学会日本支部では，会員の外国語著書・論文リストの作成・提供，各種国際学会・セミナー情報の提供等も行っている。

（問い合わせ先）

113-0033　東京都文京区本郷7-3-1　東京大学法学部荒木研究室内

国際労働法社会保障法学会日本支部

Tel & Fax: 03-5841-3224, E-mail: laborlaw@j.u-tokyo.ac.jp

8　新労働法講座について

和田肇理事より，新労働法講座『労働法の再生』全6巻のうち，1～3巻が第133回大会前に刊行されており，また，残る4～6巻についても，同大会後に刊行されたことが報告された。

9　入退会について

川田知子事務局長より，退会者1名及び以下の6名から入会の申込みがあり，理事会で承認されたことが報告された（50音順，敬称略）。

倉茂尚寛（弁護士），渋田美羽（九州大学大学院），白石多津子（社会保険労務士），冨田啓輔（弁護士），増田陳彦（弁護士），黄若翔（東京大学大学院）

10　その他

（1）一時保育について

有田謙司理事より，第134回大会では託児サービスを「NPO法人北海道子育て支援ワーカーズ」の構成団体である「子育て支援ワーカーズ　びすけっと」に依頼し子ども2名分の申込みがあったこと，次回の第135回大会においても託児サービスを実施する予定であることが報告された。

（2）ワークショップの趣旨について

土田道夫企画委員長より，ワークショップは，従来のミニ・シンポジウムとは異なり，総枠2時間で，2名（司会，問題提起・報告者）が発表を担当し，問題提起・報告者は，簡単な論点提示を行い，参加者の自由闊達な意見交換を喚起し，学会の議論の活性化を図ることを基本趣旨としていること（テーマによって，コメンテーター1～2名の追加も可能）が報告された。

◆日本労働法学会第135回大会案内◆

1　日時：2018年10月27日（土）・28日（日）
2　会場：早稲田大学
3　内容
(1)　個別報告
〈第一会場〉
　テーマ「公務員の法的地位に関する日独比較法研究」
　報告者：早津 裕貴（名古屋大学）
　司　会：和田 肇（名古屋大学）
〈第二会場〉
　テーマ「フランスの企業再構築にかかる法システムの現代的展開」
　報告者：細川 良（労働政策研究・研修機構）
　司　会：島田 陽一（早稲田大学）
〈第三会場〉
　テーマ「アメリカにおける労働組合活動に対する憲法的保護の歴史的変遷──市
　　　　　民団体との比較から」
　報告者：藤木 貴史（一橋大学大学院）
　司　会：相澤 美智子（一橋大学）
(2)　ワークショップ
〈第一会場〉
• テーマ「フランスの労働法改革」
　提案者：矢野 昌浩（名古屋大学）
　報告者：小山 敬晴（大分大学）
• テーマ「「結社の自由」について改めて法的・実務的側面から考える──東アジ
　　　　　ア諸国における「結社の自由」をめぐる状況を踏まえて」
　提案者：香川 孝三（神戸大学名誉教授），藤川 久昭（青山学院大学・弁護士）
　報告者：同上
〈第二会場〉
• テーマ「「同一労働同一賃金」の立法政策」
　提案者：村中 孝史（京都大学）
　報告者：島田 裕子（京都大学）

日本労働法学会誌131号（2018.5）　189

- テーマ「「労働時間法」をどのように構想するか？（仮)」
　提案者：唐津　博（中央大学）
　報告者：長谷川　聡（専修大学）

〈第三会場〉

- テーマ「LGBT と労働法理論・立法論上の課題（仮)」
　提案者：名古　道功（金沢大学）
　報告者：内藤　忍（労働政策研究・研修機構），濱畑　芳和（立正大学），名古　道功（金沢大学）

- テーマ「山梨県民最高裁判決の意義と射程範囲——労働契約関係における労働者の同意（仮)」
　提案者：水口　洋介（弁護士），石井　妙子（弁護士）
　報告者：鴨田　哲郎（弁護士），木下　潮音（弁護士）

(3)　大シンポジウム

統一テーマ：「労働法と知的財産法の交錯——労働関係における知的財産の法的規律の研究——」

　司会：野川　忍（明治大学），土田　道夫（同志社大学）（予定）
　報告：野川　忍（明治大学）「シンポジウムの目的・テーマの俯瞰・理論的整理」
　　　　河野　尚子（同志社大学）「営業秘密・不正競争防止法と守秘義務」
　　　　石田　信平（北九州市立大学）「不正競争防止法と競業避止義務」
　　　　土田　道夫（同志社大学）「職務発明・職務著作と労働法の規律」
　　　　天野　晋介（首都大学東京）「労働法と知的財産法の交錯領域における集団的利益調整」
　　　　茶園　成樹（非会員，大阪大学）「知的財産法研究者によるコメント」

(4)　特別講演

- テーマ「未定」
　菊池　高志（九州大学名誉教授）

（以上，敬称略）

日本労働法学会規約

第1章 総　　　則

第1条　本会は日本労働法学会と称する。

第2条　本会の事務所は理事会の定める所に置く。（改正，昭和39・4・10第28回総会）

第2章　目的及び事業

第3条　本会は労働法の研究を目的とし，あわせて研究者相互の協力を促進し，内外の学会との連絡及び協力を図ることを目的とする。

第4条　本会は前条の目的を達成するため，左の事業を行なう。

1，研究報告会の開催

2，機関誌その他刊行物の発行

3，内外の学会との連絡及び協力

4，公開講演会の開催，その他本会の目的を達成するために必要な事業

第3章　会　　　員

第5条　労働法を研究する者は本会の会員となることができる。

本会に名誉会員を置くことができる。名誉会員は理事会の推薦にもとづき総会で決定する。

（改正，昭和47・10・9第44回総会）

第6条　会員になろうとする者は会員2名の紹介により理事会の承諾を得なければならない。

第7条　会員は総会の定めるところにより会費を納めなければならない。会費を滞納した者は理事会において退会したものとみなすことができる。

第8条　会員は機関誌及び刊行物の実費配布をうけることができる。

（改正，昭和40・10・12第30回総会，昭和47・10・9第44回総会）

第4章　機　　　関

第9条　本会に左の役員を置く。

1，選挙により選出された理事（選挙理事）20名及び理事会の推薦による理事（推薦理事）若干名

2，監事　2名

　　（改正，昭和30・5・3第10回総会，昭和34・10・12第19回総会，昭和47・10・9
　　第44回総会）

第10条　選挙理事及び監事は左の方法により選任する。

　1，理事及び監事の選挙を実施するために選挙管理委員会をおく。選挙管理委員会は
　　理事会の指名する若干名の委員によって構成され，互選で委員長を選ぶ。

　2，理事は任期残存の理事をのぞく本項第5号所定の資格を有する会員の中から10名
　　を無記名5名連記の投票により選挙する。

　3，監事は無記名2名連記の投票により選挙する。

　4，第2号及び第3号の選挙は選挙管理委員会発行の所定の用紙により郵送の方法に
　　よる。

　5，選挙が実施される総会に対応する前年期までに入会し同期までの会費を既に納め
　　ている者は，第2号及び第3号の選挙につき選挙権及び被選挙権を有する。

　6，選挙において同点者が生じた場合は抽せんによって当選者をきめる。

　　推薦理事は全理事の同意を得て理事会が推薦し総会の追認を受ける。

　　代表理事は理事会において互選し，その任期は2年とする。

　　（改正，昭和30・5・3第10回総会，昭和34・10・12第19回総会，昭和44・10・7
　　第38回総会，昭和47・10・9第44回総会，昭和51・10・14第52回総会，平成22・
　　10・17第120回総会）

第11条　理事の任期は4年とし，理事の半数は2年ごとに改選する。但し再選を妨げな
　　い。

　　監事の任期は4年とし，再選は1回限りとする。

　　補欠の理事及び監事の任期は前任者の残任期間とする。

　　（改正，昭和30・5・3第10回総会，平成17・10・16第110回総会，平成22・10・17
　　第120回総会）

第12条　代表理事は本会を代表する。代表理事に故障がある場合にはその指名した他の
　　理事が職務を代行する。

第13条　理事は理事会を組織し，会務を執行する。

第14条　監事は会計及び会務執行の状況を監査する。

第15条　理事会は委員を委嘱し会務の執行を補助させることができる。

第16条　代表理事は毎年少くとも1回会員の通常総会を招集しなければならない。

　　代表理事は必要があると認めるときは何時でも臨時総会を招集することができる。総
　　会員の5分の1以上の者が会議の目的たる事項を示して請求した時，代表理事は臨
　　時総会を招集しなければならない。

第17条　総会の議事は出席会員の過半数をもって決する。総会に出席しない会員は書面により他の出席会員にその議決権を委任することができる。

第5章　規約の変更

第18条　本規約の変更は総会員の5分の1以上又は理事の過半数の提案により総会出席会員の3分の2以上の賛成を得なければならない。

平成22年10月17日第120回総会による規約改正附則
第1条　本改正は，平成22年10月1日より施行する。
第2条　平成22年10月に在任する理事の任期については，次の通りとする。
　　一　平成21年5月に就任した理事の任期は，平成24年9月までとする。
　　二　平成22年10月に就任した理事の任期は，平成26年9月までとする。
第3条　平成21年5月に在任する監事の任期は，平成24年9月までとする。

学会事務局所在地
　　〒192-0393　東京都八王子市東中野742-1　中央大学法学部
　　　　　　　川田知子研究室
　　　　　　　e-mail：rougaku@gmail.com

SUMMARY

《Symposium》

Sur les problèmes juridiques de la rupture 《offensive》 du contrat de travail

Susumu NODA

Les situations actuelles des emplois au Japon se caractérisent par la 《manque de main-d'œuvre》 sérieuse et sans précédent. La manque de personnel bien expert ou polyvalent cause l'excès de personnel mal évalué. Les employeurs ont envie d'éliminer les salariés qui ne accomplient pas bonne performance. C'est pourquoi, même à l'époque de la 《manque de main-d'œuvre》, les problèmes juridiques de la rupture 《offensive》 du contrat de travail deviennent de plus en plus grave. Nous avons donc besoin d'analyser les problèmes actuels de la rupture du contrat de travail, de trois points de vue suivants:

1°) de saisir l'idée compréhensive du licenciement et des autres types de la rupture du contrat de travail,

2°) de penser l'exigence de la 《sécurisation》 de la régularité du licenciement, ou celle de l'indemnité du licenciement irrégulier,

3°) de trouver le recul de la protection à la modification de la condition individuelle du travail et la rupture du contrat de travail, sur la base de la volonté collective ou de l'accord collectif.

Clarification of Employment Termination Rules and the Labor Dispute Solution System: Dismissal Rules and the Mediation of Labor Dispute

Noboru YAMASHITA

According to Labor Contracts Act, if a dismissal lacks objectively reasonable grounds and is not considered to be appropriate in general societal terms, it is treated as an abuse of rights and is invalid. However, the contents of this text are uncertain. Therefore, it is necessary to make the contents clear.

This paper is divided into the following sections:

I　Employment Termination Law System of the 21st Century
　1　Establishment of rule of employment termination and Indefiniteness of contents
　2　Change of the labor dispute solution system
　3　Justification grounds of dismissal rule
　4　The subject of this paper
II　Clarification of Dismissal Rules
　1　Objectively reasonable grounds for dismissal
　2　Appropriateness in general societal terms
　3　Clarification of dismissal rules
III　The Labor Dispute Solution System for Employment Termination
　1　The mediation of the prefectural labor bureau
　2　Civil action and Labor Tribunal
IV　Conclusion
　1　Clarification of dismissal rules and the labor dispute solution system
　2　The mediation about Employment termination

SUMMARY

Employee Competence and Performance Assessment in Relation to Termination of Employment: A New Approach to the Challenges Faced in the Era of AI

Min GONG

For many employers, the termination of underperforming employees has become a key focus in recent years. Some new employee performance management systems, such as performance improvement plans (PIPs), are supposed to help employees to improve work performance. Unfortunately these are increasingly being used as a way to terminate employment. This paper examines how the legal rules relating to performance-based dismissal can be circumvented reasonably easily by PIPs and it will become even easier due to the increasing use of technology in human resources decision making. Therefore, this paper proposes employers have an obligation under an employment contract to give necessary information on work-related competence to employees as a new approach to solve the above issues.

I   Introduction
Ⅱ   Current Trends and Challenges in Employee Competence and Performance Assessment in Terminating Employment
Ⅲ   Value and Difficulties of Judicial Review on Employee Competence and Performance Assessment in Terminating Employment
Ⅳ   A New Approach: Employers' Obligation to Give Information on Employee Competence and Performance
V   Conclusion

Why Me ?: Reasonable Selection Criteria in Terminating Employment

Takeshi YANAGISAWA

One of the most important issues facing an employer during a downsizing or reorganization is the selection standard used in deciding which employee(s) to dismiss. Case law has established four requirements, one of which is selection of the employee(s) for dismissal by using an objectively reasonable standard. In the 40-years since introduction of this standard, although there have been many cases where courts have found that an employer has exceeded the minimum requirements, the standard itself is still not clearly defined. Many scholars have indicated that courts have faced difficulty in evaluating and applying this reasonableness standard. In addition, the recent emergence of Artificial Intelligence (Human Resources Technology) and its future influence on hiring practices, human resource management, and selection of employee(s) for dismissal has illustrated the necessity for review of the standard in this context.

An additional problem is that employers might use alternative methods to circumvent the law in their efforts to downsize or reorganize. In other words, they seek to dismiss employee(s) without reference to an objectively reasonable standard. Such methods may include: inter-firm transfer (syukko) strategies, pressuring employee(s) to retire voluntarily, or threatening dismissal unless the employee(s) enters into a new employment contract with different working conditions. Therefore, merely analyzing dismissal under grounds of economic necessity is insufficient. Instead, it is important to take a comprehensive view which includes methods employers use to circumvent the law.

This paper is divided into the following sections:

SUMMARY

I   Introduction
II Absence of Clear Selection Standards for Downsizing
III Essential Elements of Selection Criteria
IV Alternative Methods Used for Dismissal
V   Conclusion

Dialogue between Employee(s) and Employer on the Pre-Dismissal Procedure

Hiroyo TOKORO

I   Introduction

II Current Regulations
  1 Regulations in the Individual Labor laws
  2 Regulations in the Collective Labor laws
   (1) Employer's Collective-bargaining Obligations
   (2) Clauses Requiring Consultations with or Consent of a Union in Collective Agreements

III Theories about Procedural Regulation

IV Case law

V   Dialogue between Employee(s) and Employer and Due Process
  1 Value of Dialogues between Employee(s) and Employer
  2 Need for Behavioral Standards
  3 Doctrine of Abusive Dismissal

VI Conclusion

Termination of a Labor Contract and "Agreement"

Miki KAWAGUCHI

Ⅰ　Introduction

Ⅱ　"Agreement of termination of a labor contract" and "Resignation"
　1　Protection from the termination of a labor contract
　2　Validity of manifestation of intention
　3　Criteria of existence of manifestation of intention and intention formed freely

Ⅲ　"Renunciation or Agreement of non-exercise" of right to application and "Agreement" of non-renewal of a labor contract or that of limit of renewal
　1　Meaning and Character of Article 18 and Article 19
　2　Article 18 and Renunciation or Agreement of non-exercise of right to application/Agreement of termination of a labor contract
　3　Article 19 and Renunciation or Agreement of non-exercise of right to application/Agreement of non-renewal of a labor contract or that of limit of renewal

Ⅳ　Conclusion

編 集 後 記

◇　本号は，2017年10月15日（日）に小樽商科大学において開催された，第134回大会の大シンポジウム「雇用社会の変容と労働契約終了の法理」の報告論文を中心に構成した。解雇をはじめとする労働契約終了の問題は，労働関係における最重要テーマの1つであり，これまでも多くの議論が行われている。オーソドックスなテーマであるが，近年の雇用社会では新たな法的課題が生じている。新たな法的課題を中心に刺激的で示唆に富む報告が行われ，シンポジウムも熱のこもった議論が繰り広げられた。

◇　本号刊行にあたっては，執筆者の先生方に短期間でのご執筆やご校正等，また，査読委員の先生方にも短期間での査読に，ご協力をいただいた。本号の編集全般については，法律文化社の小西英央氏，瀧本佳代氏にたいへんお世話になった。執筆，査読，編集に関与されたすべての方々に感謝申し上げる。

◇　鎌田耕一査読委員長と奥田香子編集委員長からは，特段のご配慮とご助力を賜った。本号をもって，鎌田査読委員長と奥田編集委員長が退任される。両先生のこれまでのご功労に敬意を表し，厚く御礼申し上げる。　　　　　　　　　　　　　　　　　　　　　　（水島郁子／記）

《学会誌編集委員会》

奥田香子（委員長），井川志郎，植村新，大石玄，烏蘭格日楽，川口美貴，河野奈月，榊原嘉明，土岐将仁，早川智津子，原昌登，細川良，水島郁子（2018年4月現在）

雇用社会の変容と労働契約終了の法理

日本労働法学会誌131号

2018年5月10日　　印　刷
2018年5月20日　　発　行

　　　　　　　　　　　　　編 集 者
　　　　　　　　　　　　　発 行 者　日 本 労 働 法 学 会

印刷所　株式会社　共同印刷工業　　〒615-0052 京都市右京区西院清水町156-1
　　　　　　　　　　　　　　　　　　電　話　(075)313-1010

発売元　株式会社　法 律 文 化 社　　〒603-8053 京都市北区上賀茂岩ヶ垣内町71
　　　　　　　　　　　　　　　　　　電　話　(075)791-7131
　　　　　　　　　　　　　　　　　　Ｆ Ａ Ｘ　(075)721-8400

2018 © 日本労働法学会　Printed in Japan
装丁　白沢　正
ISBN978-4-589-03937-8